니힐리스트로 사는 법

삶이 무겁고 힘든 사람에게
니체의 니힐리즘이 전하는 지혜

문성훈

문성훈 교수의 철학 에세이

니힐리스트로

사는 법

삶이 무겁고 힘든 사람에게

니체의 니힐리즘이 전하는 지혜

문성훈 지음

문성훈 | 독일 프랑크푸르트대학 철학박사
서울여대 현대철학 담당 교수

니힐리스트로 사는 법

삶이 무겁고 힘든 사람에게
니체의 니힐리즘이 전하는 지혜

발행일 | 2024년 3월 15일 1판 1쇄

지은이 | 문성훈
편집 | 마담쿠, 코디정
본문 디자인 | 마하린
표지 디자인 | 마하린
마케팅 | 우섭결

펴낸곳 | 이소노미아
　　　서울시 종로구 율곡로 2길7 서머셋팰리스 303호
　　　T | 010 2607 5523　　F | 02-568-2502
　　　Contact | h.ku@isonomiabook.com
펴낸이 | 구명진

ISBN 979-11-90844-45-1

나무의 목숨이 헛되지 않는 책

니힐리스트는 세상의 허무함 속에서도
'사자의 꿈'을 꾼다!

제2부

니힐리스트 철학자 니체

제3부

니힐리스트로 사는 게 쉬운 일은 아니다

제4부

니힐리스트로 산다는 것의 의미

제5부

니힐리스트는 혼자가 아니다

에필로그
Gateless gate (문 없는 문!)

322

프롤로그

삶이 무겁고 힘든 사람,
니힐리스트로 사는 법

니힐리즘의 도래를 예언한 철학자가 있었다. 1900년 정신질환에서 벗어나지 못한 채 세상을 떠난 니체다. 그는 지금까지 인간이 추구해 왔던 모든 가치가 빛을 잃고, 인간이 마땅히 따라야 할 그 어떤 삶의 목적과 이유에 대해 더는 질문도 대답도 할 수 없는 니힐리즘의 시대가 도래할 것이라고 선포했다. 니체가 남긴 유명한 말이 있다. "신은 죽었다!" 사람들은 이 말을 기독교에 대한 부정, 더 나아가 무신론자의 고백으로 읽기도 한다. 그러나 나는 니체가 말하는 신은 종교적 의미에서의 신이라기보다, 지금까지 서구 문화가 추구해 왔던 모든 절대적 가치를 대표한다고 생각한다. 따라서 그가 신의 죽음을 선언한 것은 지금껏 모든 인간이 마땅히 따라야 할 절대적 가치로 신봉해 왔던 모든 것이 사실 한낱 허구에 불과하다는 선언이다. 만약 니체의 선언처럼 모든 절대적 가치들이 해체된다면, 인간의 삶은 종언을 고하고, 인류의 역사는 파국을 맞을까? 그렇지 않다. 니체는 우리에게 새로운 삶의 방법을 알려주었을 뿐이다. 니힐리스트로 사는 법, 그것도 가짜가 아니라 진짜 '니힐리스트로 사는 법'을 알려주었다.

니힐리즘은 흔히 허무주의로 번역된다. 허무주의라는 번역어는 인간의 삶이나 세상만사가 다 허무하다고 느끼는 비관적이고, 현실 도피적 태도처럼 들린다. 하지만 니체가 알려준 니힐리스트의 삶은 그런 것이 아니다. 인간이 마땅히 따라야 할 그 어떤 삶의 목적도 이유도 없다고 해서 낙담하는 것이 아니라, 오히려 이러한 사실을 삶의 무한한 가능성, 지속적 자기 창조의 기회로 삼는 것이 진짜 니힐리스트다. 인간이 자신의 삶을 창조하며 삶의 무한한 가능성을 실현한다면, 사회나 역사라고 해서 이를 창조하지 못할까? 오히려 니힐리스트는 삶에 적극적이고, 현실 참여적일 수 있다. 사실 세상 별것 없다고 생각하면, 비관과 절망에 빠질 수도 있겠지만, 세상이 얹혀놓은 무게에서 벗어나 우리 자신을 해방할 수도 있다. 그래서 나는 비관적이고 현실 도피적으로 들리는 허무주의라는 번역어 대신 그냥 니힐리즘, 니힐리스트란 말을 사용한다.

하지만 삶의 무게를 느껴보지 못한 사람에게 니힐리즘은 아무런 의미가 없다. 삶이 마냥 즐겁고 행복한 사람은 굳이 니힐리스트로 살 필요도 없다. 길든 짧든 세상이 만들어 놓은 삶의 목적이나 이유라는 것에 짓눌려, 삶을 무겁고 힘들게 느껴본 사람이라면 누구나 니힐리스트가 될 자격이 있다. 그리고 당신에겐 니힐리스트로 사는 법이 마음의 위안을 주고 마음의 상처를 치유

해줄 것이다. 하지만 니힐리스트가 삶의 무게에서 완전히 벗어나고, 모든 고통에서 해방된다는 뜻은 아니다. 만약 당신이 완벽한 니힐리스트가 된다면, 분명 당신은 완전히 새로운 삶을 살 것이다. 그러나 우리 같은 보통사람은 잠시 니힐리스트가 될 수 있을지언정, 언제나 그리고 영원히 니힐리스트로 살기는 어렵다. 다만 더 많은 순간을 니힐리스트로 산다면, 그만큼 삶의 무게를 덜어낼 수 있다. 이것 외에 달리 방법이 있을까? 삶이 무겁고 힘든 사람에게 니힐리스트로 사는 것은 선택이 아니라, 필수다.

오늘날 많은 사람이 삶을 무겁게 느낀다. 세상이 얹어 놓은 짐 때문에 중압감에 시달린다. 한국 사회만 해도 우리를 짓누르는 무거운 짐들이 많다. 어렸을 때 귀가 따갑도록 들은 말이 있다. "열심히 공부해, 그래야 돈 벌고 출세하잖아!" 사람들은 돈이 많은지, 학벌이 좋은지, 사회적 지위가 높은지, 게다가 외모가 출중한지에 따라 사람을 평가하고, 등급화하고, 서열화한다. 따라서 누구나 더 많이 벌기 위해, 더 좋은 학벌을 위해, 더 높은 사회적 지위를 위해, 더 출중한 외모를 위해 무한 경쟁에 몰두할 수밖에 없고, 반드시 경쟁에서 이겨야 한다는 중압감 때문에 삶이 힘들다. 경쟁의 승자는 돈,

학벌, 지위, 외모를 과시하며 자신이 대단한 사람이라도 된 양 우월감에 빠져 살 테지만, 그렇지 못한 사람은 패배감은 물론 열등감과 자책감에 시달린다. 이 때문에 삶을 버리는 사람도 많다. 우리나라 자살률이 OECD 국가 중 1위다. 그중에서도 2030 청년 세대의 자살 비율이 제일 높다. 우리나라 청년들은 삶을 시작하자마자 삶을 버리고 있다. 나는 이들에게 니힐리스트로 사는 법을 말하고 싶다.

그러나 니힐리즘이 청년들에게만 필요한 것은 아니다. 나는 한국 사람 모두에게 니힐리즘을 말하고 싶다. 한국 사회에서 승자의 기쁨만 만끽하며 사는 사람이 과연 몇이나 있을까? 경쟁이 치열하면 아무리 승자라 해도 그 누군가에게는 패자이고, 경쟁이 치열하면 그만큼 서열화가 강화되어 승리의 기쁨을 만끽하는 사람은 점점 소수가 된다. 과연 이렇게 살아야 할까? 돈, 학벌, 지위, 외모가 과연 사람을 평가하고 등급화하고 서열화하는 절대적 가치일까? 더 나아가 이 세상에 인간의 삶을 평가할 절대적 가치라는 것 자체가 존재할 수 있을까?

이 책에서 말하는 니힐리스트로 사는 법은 니체의 사상에서 영감을 받았다. 그러나 이 책이 단순히 니체의 사상을 소개한 책은 아니다. 내가 니힐리즘에 대한 니체의 통찰과 니힐리스트로 사는 법에 대한 그의 혜안을 수용하지만, 그의 사상 전체를 받아들인 것은 아니다. 나는 특히 주인과 노예, 귀족과 무리, 강자와 약자, 고귀한 자와 비천한 자를 나누는 그의 엘리트적 사고방식에 반대한다. 나는 무겁고 힘든 사람들에게 니힐리즘을 말하려고 하지만, 니체는 반대로 주인, 귀족, 강자, 고귀한 자들이 니힐리스트가 된다고 생각하는 것 같다. 그러나 니힐리즘을 따른다면 이 세상에는 인간을 나눌 수 있는 그 어떤 절대적 기준도 존재하지 않는다. 이런 점에서 니힐리스트로 사는 것은 모든 인간의 문제일 뿐, 선택받은 소수의 문제는 아니다. 오늘날에는 우월감에 빠져 사는 자칭 고귀한 사람들이나, 열등감에 짓눌려 자신을 비천하게 보는 사람들이나, 돈, 학벌, 지위, 외모가 마치 절대적 가치라도 되는 양 이를 위해 무한 경쟁에 사로잡힌 것은 매한가지이기 때문이다. 나는 그런 세속적 가치들이 마치 신처럼 추앙되며 인간을 짓누르는 절대적 짐이 된 오늘날, 니체가 신의 죽음을 선포하듯, 이런 가치들의 죽음을 선포하고 싶다.

나는 어려서부터 니힐리스트였다. 지금은 철학 교수지만, 많은 순간 니힐리스트로 살았다. 이 책에는 니힐리스트로 살아온 나의 경험과 니힐리스트 철학자로서의 내 생각이 담겨 있다.

제1부

왜
니힐리스트가 되는가?

제1장

왜 무(無)가 아니고, 존재일까?

현대인은 원인과 결과를 통해 자연 현상, 사회 현상, 인간 행동을 설명하는 데 익숙하다. 한강 물이 얼었다. 왜 얼었을까? 당연히 우리는 그 원인을 찾는다. 한파가 밀려와 한강 물이 얼었다. 왜 한파가 밀려왔을까? 제트기류가 약화하여 북극의 찬 공기를 막지 못했기 때문이다. 그럼 왜 제트기류가 약화했을까? 이렇게 원인의 원인을 묻다 보면 결국 우리는 이 세계에 존재하는 모든 것이 상호작용하며 서로 영향을 미친다는 사실을 알게 된다. 어떤 현상의 원인은 또 다른 현상의 결과이고, 어떤 현상의 결과는 또 다른 현상의 원인이다. 이처럼 이 세계에 존재하는 모든 것은 원인과 결과로 꼬리에 꼬리를 물고 연결되어 있다. 그렇다면 이렇게 인과의 사슬로 엮여 있는 이런 세계는 왜 있는 것일까? 왜 무(無)가 아니라, 존재일까? 이 세계가 존재하게 된 것도 원인이 있을까?

칸트 같은 철학자는 세계 자체의 원인은 물을 수 없다고 생각했다. 인과론이란 개별적 현상 간의 관계를 설명하는 사고 도식일 뿐, 세계 자체에는 적용할 수 없다는 것이다. 과연 '세계'라는 것이 있을까? 세계라는 단어는 존재하는 모든 사물과 현상을 총칭해서 붙인 말이지, 세계라는 사물이 따로 실재하는 것은 아니다. 따라서 한낱 말일 뿐인 '세계'의 원인을 물을 수는 없다. 하지만 그렇다고 해서 문제가 사라지는 것은 아니다. 단지 질문이 바뀔 뿐이다. 원인과 결과로 무한히 서로 얽혀있는 이 많은 사물과 현상은 왜 없는 것이 아니라, 있는 것일까?

카오스, 도(道), 한 점

그리스 신화에 따르면, 태초에 카오스가 있고, 카오스에서 대지의 여신 가이아가 태어났고, 가이아는 하늘의 신 우라노스와 바다의 신 폰토스를 낳았다. 그리고 가이아는 우라노스를 통해 수많은 자식을 낳았다. 그중 하나가 크로노스이고, 그리스 신화에서 최고의 신인 제우스는 다름 아닌 크로노스의 아들이다. 이런 신화적 이야기만 본다면 대지, 하늘, 바다 등은 비록 신의 이름을 빌고 있지만, 카오스에서 나왔다. 따라서 이 세계의 궁극적 원인은 카오스다. 그렇다면 카오스는 무엇일까? 카오스는 말 그대로 혼돈이라는 뜻이다. 따라서 태초에 카오스가 있었다는 것은 아무것도 분리되지 않고 구별되지 않은 무언가가 있었다는 뜻이다. 그리고 어떤 이유에서인지는 모르지만, 이 카오스가 분화하면서 점차 질서가 형성되고, 그 결과로 이 세계가 나타난 것이다.

기원전 6세기경에 활동한 중국의 철학자 노자의 「도덕경」 42장에는, "도(道)는 일(一)을 낳고, 일(一)은 이(二)를 낳고, 이(二)는 삼(三)을 낳고, 삼(三)은 만물을 낳는다"라고 기록되어 있다. 만물이 생겨나기에 앞서 도가 있었고, 여기서부터 무언가 물질적인 것이 생겨났으며, 이것이 다시 음과 양으로 나누어지고, 음과 양이 조화를 이루어 제3의 것이 되고, 마침내 이런 과정을 통해 만물이 생겨났다는 것이다. 따라서 논리적으로 볼 때, 이 세계는 도에서 나온 셈이다. 그렇다면 도란 무엇일까? 노자의 「도덕경」 1장은 도를 설명한 유명한 말로 시작한다. "도가도, 비상도, 명가명, 비상명(道可道, 非常道, 名可名, 非常名)" 이를 의역하면 도라고 말한다면 그건 도가 아니고, 그 어떤 이름을 붙이더라도 그건 도에 상응하는 이름이 아니라는 것이다. 그리고 14장에서는 '도'는 보려고 해도 보이지 않고, 들으려 해도 들리지 않고, 잡으려고 해도 잡을 수 없으며, '도'는 형상 없는 형상이라고 했다. 따라서 '도'는 '도'라고 말할 수도, '도'라고 이름 붙여질 수도 없다는 점에서 표현 불가능하다. 그리고 도는 우리가 오감을 통해 지각할 수도 없기에 구체적으로 설명할 수도 없다. 다만 이 세상에 만물이 존재하므로, 만물을 생성하게 한 그 무엇이 있을 수밖에 없고, 노자의 도덕경은 그 무엇을 '도'라고 지칭했을 뿐이다. 「중국철학사」를 쓴 풍유란은 이렇게 생각했다.

오늘날에는 현대 과학이 신화나 철학을 대신해 이 세계가 존재하게 된 원인을 설명한다. 우주팽창설을 의미하는 '빅뱅이론'이 그것이다. 빅뱅이론에 따르면, 138억 년 전에 엄청난 온도와 밀도의 한 점에서 엄청난 에너지를 발산하며 대폭발(Big Bang)이 일어났다. 그 후 점차 온도가 낮아지면서 물질이 생성되었고, 이 물질이 결합하여 오늘날의 우주가 만들어졌다. 그리스 신화나 노자의 도덕경에 기록된 것은 믿거나 말거나 일 수 있다. 이 세계가 카오스에서 나왔든, 도에서 나왔든 그렇게 믿을 만한 근거를 제시하진 않았기 때문이다. 그러나 빅뱅이론은 근거를 제시한다는 점에서 다르다. 예를 들어 빅뱅을 통해 우주가 만들어졌다면, 우주는 한 점에서 지금의 크기로 팽창한 것이고 아직도 팽창하고 있을 것이다. 그런데 허블은 멀리 있는 은하계들이 우리 은하계로부터 빠르게 멀어져 가고 있음을 입증했다. 그리고 엄청난 온도에서 대폭발이 있었고, 그 후 온도가 낮아졌다면 이로 인해 특정 파장의 복사선(輻射線)이 방출되었을 텐데, 가모프는 이런 복사선이 우주의 전 방향에서 감지됨을 입증했다.

물론 몇 가지 근거를 제시한다고 해서 빅뱅이론이 입증되었다고 말할 순 없다. 많은 현대 과학 이론이 항상 논란 속에 있듯이 빅뱅이론 역시 그렇다. 그런데 빅뱅이론이 오늘날의 우주가 존재하게 된 원인을 설명하는 방식은 그리스 신화나 도덕경의 그것과 다르지 않다. 이들은 각기 태초의 상태를 카오스, 도, 한 점으로 가정할 뿐, 이러한 최초의 상태가 변화하여 현재의 우주가 되었다는 설명 방식은 같기 때문이다. 그리고 이들은 현재 우주가 존재하게 된 원인을 이처럼 최초의 상태를 통해 설명하지만, 이 최초 상태의 원인에 대해서는 묻지 않는다는 점도 같다. 다시 말해 카오스, 도, 한 점이 어떻게 존재하게 되었는지 그 원인에 대해서는 침묵한다. 사실 카오스, 도, 한 점이 존재하게 된 원인을 묻는다면, 또 그 원인의 원인을 물을 수밖에 없다. 따라서 원인을 찾는 작업은 무한히 계속된다. 그렇다면 우리는 원래의 질문으로 돌아갈 수밖에 없다. 이렇게 무한한 원인과 결과의 사슬로 얽혀있는 이 세계가 왜 있는 것일까? 다시 말해 왜 무가 아니라, 존재일까?

창조설

그런데 종교에서 이 세계의 존재를 설명하는 방식은 사뭇 다르다. 예를 들어 유대교, 기독교, 이슬람교가 다 같이 경전으로 삼은 성경의 〈창세기〉 첫 문장에 나와 있듯이 태초에 신이 천지를 창조했다. 그리고 빛을 창조했고, 물을 창조했고, 풀과 채소와 나무를 창조했고, 해와 달과 별을 창조했고, 땅과 바다에 사는 생물과 하늘을 나는 새를 창조했고, 마침내 인간을 창조했다. 이렇게 본다면 신은 창조자고, 우리가 사는 세계는 창조의 결과인 피조물이다. 따라서 세계는 이른바 태초의 상태가 변화하여 지금처럼 된 것이 아니다. 신이 이 세계를 창조했다면, 이 세계는 이미 존재하는 어떤 근원적인 것이 변화하여 출현한 것이 아니라, 존재하지 않던 것이 창조를 통해 존재하게 된 것이기 때문이다. 따라서 신은 무에서 유를 창조한 것이고, 이 세계는 없다가 있게 된 것이다.

그런데 이 세계가 신의 창조 때문에 존재하게 되었다면, 세계가 존재하게 된 원인이 설명된 셈이지만, 정작 신은 어떻게 존재하게 된 것일까? 신 역시 존재하게 된 원인이 있을까? 왜 신은 무가 아니라, 존재일까? 성경의 〈출애굽기〉를 보면 이집트에서 노예처럼 살던 이스라엘 민족을 이끌고 가나안으로 탈출한 모세 이야기가 나온다. 그가 하나님에게 물었다. 당신의 이름은 무엇입니까? 하나님의 대답은, 나는 '스스로 존재하는 자'라는 것이다. 그렇다. 신은 스스로 존재하는 자, 즉 존재의 원인이 없는 자이다. 굳이 원인을 말한다면 신은 바로 자기 자신이 존재하게 된 원인이다. 철학에서는 이런 존재를 '자기 원인자'라고 부른다.

물론 신의 창조를 믿고 안 믿고는 신앙과 종교의 문제이고, 신을 어떤 존재로 이해하느냐 역시 종교나 개인에 따라 다르다. 하지만 개념적으로 볼 때 신이 비록 자기 원인자라고 하더라도 창조자로서의 신은 불가능한 개념이다. '신의 창조'라는 말 자체가 자기모순이기 때문이다. 먼저 신이 창조자라면, 창조 이전에 존재하는 것은 자기 원인자인 신뿐이다. 따라서 신에게는 신과 신 아닌 것을 나누는 경계가 있을 수 없다. 그리고 경계가 없다면 한계를 설정할 수 없기에 신은 무한한 존재다. 무한과 유한이란 말은 반대말이며, 이처럼 자신과 자신 아닌 것을 구별하는 경계가 있느냐, 없느냐에 따라 구별된다. 그런데 자기 원인자인 신이 이 세계를 창조한 후에는 신의 경계 밖에 신이 아닌 이 세계가 존재한다. 따라서 창조 후 신은 창조된 세계와 자신을 경계 짓는 유한한 존재가 된다. 그러나 무한한 존재인 신이 어떻게 동시에 유한한 존재일 수 있을까? 이것은 자기모순이다. 따라서 창조자 신은 불가능한 개념이며, 그래도 신이 자기 원인자라면 신은 창조자가 아니다. 따라서 이 세계 역시 신에 의해 창조된 것이 아니다.

스피노자의 신

하지만 이 세계가 창조된 것이 아니더라도 이 세계가 존재한다는 것은 분명한 사실 아닌가? 그렇다면 이 세계는 어떻게 존재하게 된 것일까? 유대교로부터 파문을 당했고, 평생 안경알을 깎으며 은둔 생활을 했던 네덜란드 철학자가 있었다. 스피노자이다. 그는 이런 문제를 해결하기 위해 파격적 주장을 제시했다. 이 세계가 바로 자기 원인자인 신이고, 자기 원인자인 신이 바로 이 세계라는 것이다. 따라서 존재하는 것은 이 세계뿐이며, 이걸 신이라고 부른다면, 다름 아닌 이 세계가 신이자, 아무런 원인 없이 존재하는 자기 원인자이다. 그리고 그렇기에 이 세계는 무한하다. 존재하는 것은 세계일 뿐, 세계와 세계 아닌 것을 구별하는 경계가 없기 때문이다.

하지만 스피노자가 이 세계를 신으로 규정한다고 해서, 이 세계에 존재하는 개개의 사물들 각각을 신으로 본 것은 아니다. 그렇다면 신은 유한한 존재가 되기 때문이다. 아마도 그가 생각한 신은 이 세계 전체이자, 이 세계에 존재하는 무한히 많은 사물과 현상들에 관철된 하나의 보편적 섭리인 것 같다. 그러나 이런 섭리가 따로 존재한다는 것은 아니다. 개별적인 사물들이 생성, 변화, 소멸할 뿐만 아니라, 무한히 많은 개별적 존재들이 상호작용하는 것은 섭리를 통해서이며, 이러한 섭리는 항상 사물들 전체를 통해서만 존재하기 때문이다. 따라서 신이란 섭리를 통해 하나의 전체를 이룬 이 세계를 의미하는 것 같다.

파르메니데스

이렇게 보면 우리가 사는 이 세계에서는 무한한 원인과 결과의 사슬 속에서 수많은 현상이 생성하고 소멸하기를 반복하지만, 이렇게 무한한 인과의 사슬 속에 얽혀있는 이 세계 자체는 시간적으로나 공간적으로, 혹은 그 어떤 존재 방식으로도 무한하다. 그리고 누가 창조한 것도 아니고, 그 어떤 원인 때문에 생겨난 것도 아니고, 항상 그렇게 존재하고 있던 것이다. 이런 맥락에서 파르메니데스의 주장도 곱씹어 볼 만하다. 그는 기원전 500년경 이탈리아 남부 도시 중 그리스 식민지였던 엘레아라는 도시에서 활동했던 철학자다. 그는 "있는 것은 있고, 없는 것은 없다"라는 말을 남겼다. 이 말을 들으면, 하나 마나 한 동어반복이라고 반응하는 사람도 있을 것이다. 그러나 철학자의 말은 곰곰이 생각해 봐야 한다. 혹시 우리는 없는 것은 없다고 생각하지 않고, 반대로 없는 것이 있는 것처럼 생각하는 것은 아닐까?

무에서 유가 창조되었다는 생각은 그 대표적인 예이다. 무에서 유가 창조되었다면, 이는 유 이전에 무라는 상태가 존재한다는 뜻이다. 그런데 무란 없는 것이다. 따라서 무라는 상태 역시 없다. 이런 의미에서 지금 세계가 존재한다면, 이 세계는 무에서 창조되었거나, 혹은 무에서 생겨난 것이 아니다. 이 세계가 존재하지 않는 무의 상태란 없는 것이기 때문이다. 그리고 이 세계가 무로 돌아가는 일도 없다. 무란 없는 것이기 때문이다. 물론 지금 존재하는 것이 사라지고 다른 것이 나타날 수는 있다. 그러나 생성 소멸하는 개별적 존재로 이루어진 세계 자체가 없지는 것은 아니다. 없는 것은 말 그대로 없는 것인데 어떻게 유가 무로 돌아간다고 말할 수 있을까? 없는 것은 없다고 말해야지, 없는 것이 있는 것처럼 생각하는 것은 오류이다.

이처럼 있는 것은 있고, 없는 것은 없다면, 우리가 사는 우주, 이 세계는 시간적으로나 공간적으로 무한하다.

다시 말해 시작도 없고 끝도 없다는 것이다. 만약 이 세계가 유한하다면, 다시 말해 시작과 끝이 있다면, 시작 이전과 끝 이후에는 이 세계가 존재하지 않는다. 그러나 없는 것은 없다. 따라서 이 세계가 존재하지 않고 아무것도 없는 상태는 있을 수 없다. 최소한 텅 비어있는 공간이라도 존재한다. 이런 점에서 세계는 시작도 없고, 끝도 없으며, 항상 그렇게 존재했고, 또한 그렇게 존재할 것이다.

제2장

'우주의 눈'으로 보니 세상이 우습다

930억 광년의 우주

나는 어려서 하늘 보기를 좋아했다. 그것도 청명한 봄날이나, 푸르디푸른 가을 하늘이 아니다. 잿빛 하늘, 특히 눈 오기 전 겨울 하늘을 좋아했다. 그러나 나의 하늘보기는 사춘기를 지나며 우주로 향했다. 천체망원경을 들고 별자리를 보았다는 것은 아니다. 눈으로 우주를보는 것이 아니라, 생각이 우주로 향했다. 우주는 얼마나 클까? 우주의 시작은 어디고, 끝은 어디일까? 어쭙잖은 천문학 지식으로도 우주가 무한한 것임은 알 수있었다. 물론 내가 무한이라는 말을 사용한다고 해서 무한을 머릿속에서 그려 볼 수 있다는 것은 아니다. 어쨌든 나는 우주의 무한함 때문에 내가 사는 지구, 이런 지구에 사는 인간이 점 하나로도 비유될 수 없을 만큼 미미한 존재임을 의식하게 되었다.

현재 우리는 어디에 살고 있는가? 우리는 지금 한반도에 있는 대한민국에서 살고 있다. 그리고 한반도를 넘어서면 태평양이, 태평양을 넘어서면 미국이, 미국을 넘어서면 대서양이, 대서양을 넘어서면 유럽과 러시아가 나타나고 이를 넘어서면 다시 한반도다. 지구는 이게 다. 지구가 아무리 크다고 해도 태양의 크기에 109분에 1에 불과하고, 태양계를 구성하는 일개 행성일 뿐이다. 태양계 너머에는 은하계가 있다. 은하계에는 태양과 같은 별이 1천억 개가 넘는다. 그리고 이 은하계 너머에는 1천억 개가 넘는 또 다른 은하계가 존재한다. 물론 관측 가능한 우주의 크기이지만, 그 크기는 930억 광년이다. 그러나 이게 끝일 수는 없다. 관측 가능한 우주의 너머에서는 또다시 광대한 우주가 펼쳐질 테니 말이다.

인간은 이렇게 무한한 우주에 존재한다. 아마도 이 우주에 지구와 같은 행성은 셀 수 없이 많을 것이다. 그런데도 과연 인간과 같은 존재가 이 광활한 우주에서 오직 지구에만 존재한다고 말할 수 있을까? 나는 이런 무한한 우주에 내가 존재한다고 생각하면, 무섭고 두려운 마음이 앞선다. 잡을 곳도 기댈 곳도 없는 텅 빈 우주 공간에 내던져져 있는 것 같다. 여차하면 바닷속 심연보다 더 깊은, 칠흑같이 어두운 우주의 심연 속으로 하염없이 떨어져 내릴 것만 같다.

어떻게 해서 이런 우주가 존재하고, 어떻게 해서 이런 우주에 내가 존재할까? 그것도 이런 우주를 생각하며 불안해하는 내가 존재할까? 이 모든 것이 불가사의하다. 그런데 인간은 어떻게 살고 있나? 무한한 우주에서 보면 한낱 미물에 지나지 않는 인간이 서로 헐뜯고 싸운다. 마치 돈, 학벌, 지위, 거기에다 외모까지. 이런 세속적 가치들이 우주적 가치라도 지닌 듯 더 많이 갖겠다고 싸우고, 남을 평가하고 구분하고 차별한다. 그리고 더 많이 가진 자는 우월함을 과시하고, 그렇지 못한 사람은 열등감과 자책감에 빠져 괴로워한다.

이렇게 인간은 마치 지구가, 그리고 마치 이 지구에 사는 자신이 이 우주의 중심인 듯, 자신이 생각하고, 믿고, 원하는 것이 이 우주에서 절대적 가치가 있는 듯 살지만, 이 무한한 우주의 중심이 지구라고 말할 수는 없다. 그리고 그 중심에 인간이 있다고도, 따라서 인간이 추구하는 모든 것이 정말 우주적으로 가치 있다고도 말할 수 없다. 무한한 '우주의 눈'으로 보면 뭐 하는 짓인가 싶고, 어이없고, 우습지 않은가?

프톨레마이오스와 코페르니쿠스

한때 인간은 지구가 이 우주의 중심이라고 생각했고, 그 지구의 중심이 인간이라고 생각했다. 고대 아테네 시대의 철학자 아리스토텔레스는 지구를 중심으로 우주를 크게 두 가지 세계로 구분했다. 첫 번째 세계는 지상계로 명명된 세계이다. 이는 지구로부터 달에 이르는 세계를 말한다. 두 번째 세계는 천상계로서 달 위의 세계를 말한다. 지구가 우주의 중심이라는 생각은, 따라서 당연히 인간이 우주의 중심이라는 생각은 프톨레마이오스에게서 좀 더 체계화되었다. 그에 따르면, 지구를 중심으로 달, 수성, 금성, 태양, 화성, 목성, 토성이 순서대로 회전한다. 그리고 토성 밖에는 무수히 많은 별이 존재하며, 하루에 한 바퀴씩 지구 주위를 회전한다. 이것이 별자리가 1일 1회전 하는 이유이다. 프톨레마이오스는 이를 '항성 천구'라고 불렀다. 이런 식으로 우주를 설명한 프톨레마이오스의 입장을 천동설이라 부른다. 이는 지동설이라 불리는 코페르니쿠스의 입장과 반대다.

코페르니쿠스는 지구가 중심이 아니라, 태양이 우주의 중심이라고 보았다. 그렇기에 태양 주위를 수성, 금성, 지구, 화성, 목성, 토성이 순서대로 회전하고, 토성 밖에는 항성 천구가 존재한다고 생각했다. 지동설은 천동설을 혁명적으로 전복시켰다. 그러나 이는 지구와 태양의 위치를 바꾼 것에 불과할 뿐, 이젠 지구를 포함한 태양계가 우주의 중심이 되었다. 코페르니쿠스는 토성 밖의 우주를 간단히 항성 천구라고 구분했지만, 이것은 수많은 별자리를 의미하고, 따라서 1초에 30만km나 나아가는 빛의 속도로 930억 년이나 가야 할 무한한 우주를 포괄한다. 그런데 이 무한한 우주가 태양계를 중심으로 돈다고? 하지만 우리 은하계에는 태양과 같은 별이 1천억 개가 넘고, 이 은하계 너머에는 1천억 개가 넘는 또 다른 은하계가 존재한다. 따라서 태양계가 우주의 중심인 것이 아니라, 단지 코페르니쿠스가 태양계를 중심으로 우주를 생각했을 뿐이다.

장자

「장자」에는 '붕새'라는 엄청나게 큰 새에 관한 이야기가 나온다. 이 새는 등의 길이가 몇천 리나 되고, 구만리 높이로 날아올라 여섯 달을 쉬지 않고 날아간다. 「장자」에는 작은 연못에 사는 작디작은 참새 이야기도 나온다. 이 참새는 기껏해야 2m 높이도 못 오르고 풀밭 위에서 뱅뱅 도는 것이 전부이지만 자기가 제일 잘 난다고 뽐낸다. 그리고 「장자」에는 수명이 짧은 것과 긴 것에 관한 이야기도 나온다. 썩은 흙에서 잠시 피어났다가 태양 빛 아래서 죽는 곰팡이는 아침과 저녁을 모르고, 여름 한철 살다 죽는 쓰르라미는 봄과 가을을 모른다. 그러나 오백 년 동안 봄과 가을을 맞이한 '명령'이라는 나무도 있고, 팔천 년 동안 봄과 가을을 보낸 '대춘'이라는 나무도 있다. 그런데 인간은 어떨까? 인간은 100년을 살고도 오래 살았다고 한다.

우리의 모습이 이와 같지 않을까? 참새가 잘 난다고 뽐내지만, 대붕의 눈에는 이것도 나는 것일까? 인간의 눈에는 100년도 오래 산 것이지만, '대춘'이란 나무에 비하면, 이것도 산 것일까? 무한한 우주를 생각하면 우리의 모습은 대붕에 비할 바도, '대춘'에 비할 바도 못 된다. 굳이 비유한다면, 우리가 사는 지구는 드넓은 우주에서 바닷가 백사장의 모래알 크기보다도 작고, 우리 인간은 이 모래보다 작은 지구를 '세계'라고 부르며 이것이 마치 우주 전체인 양 살고 있다. 더구나 이 드넓은 우주를 생각하면 무슨 의미와 차이가 있을지도 모를 돈, 학벌, 지위, 외모 등을 따지며, 마치 이런 것들이 우주에서 절대적 가치라도 갖는 양 이에 집착하며 사는 것이다.

고르기아스

나는 무한한 우주를 떠올려 보면, 아무것도 모르겠다는 생각이 앞선다. 우주는 어떻게 존재하게 되었으며, 얼마나 크고, 우주에는 어떤 것들이 있고, 어떻게 인간이 존재하게 되었고, 그중에 어떻게 나라는 사람도 있는지. 내가 안다고 자부하는 그 알량한 지식이나 내가 굳게 믿는 신념 등이 과연 가당키나 한 것인지. 그래서 나는 고백할 수밖에 없다. 나는 이 무한한 우주에 대해 아무것도 알지 못하고, 알 수도 없다고.

고대 그리스에서 소피스트로 불렸던 고르기아스는 세

가지 주장을 남겼다. 어떤 것도 존재하지 않는다. 무언가 존재한다고 해도, 그것은 알 수 없다. 아는 것이 가능하더라도, 다른 사람들과 공유할 수 없다. 그런데 무한한 우주를 생각하면 이 주장은 전혀 다르게 들린다. 인간이 이 무한한 우주에 대해 아무것도 모르니 그것은 존재하지 않는 것이나 마찬가지 아닐까? 기껏 안다고 해도 모래알보다 작은 이 지구를 세계 전체인 양 생각하는 우리의 눈에나 그렇게 보이는 것 아닐까? 그렇기에 그나마 안다는 것도 다른 사람과 공유할 것도 못 된다는 것은 아닐까?

고르기아스 이후에 활동했던 고대 그리스 회의주의자들의 주장도 자못 의미심장하다. 퓌론, 카르네아데스, 엠피리쿠스 같은 회의주의자들은 인간이 진리를 인식할 가능성 자체를 부정했다. 이들은 사람들이 말하는 진리는 주관적 편견이나 억측에 불과하다고 보았다. 사실 인간은 감각을 통해 사물을 인식하지만, 인간의 감각 그대로 사물이 존재한다고 볼 수는 없다. 밤하늘에 뜬 달은 분명 내 손가락보다 작게 보인다. 그러나 실제로 그런가? 같은 붉은색 옷이라도 태양 아래에서는 주홍색으로 보이고, 어두운 곳에서는 진홍색으로 보인다. 사과를 먹고 달다는 사람도 있지만, 단것을 먹은 후 사과를 먹으면 쓰다. 이렇게 같은 사물에 대한 감각이라도 주관적 상태나 조건에 따라 다르다.

우주의 눈으로 보면

어떤 사람이 노새를 10마리, 100마리, 1000마리 관찰한 후 모든 노새는 회갈색이라고 말한다. 그리고 앞으로 새로운 노새를 보게 되면 그것도 회갈색일 것으로 예측한다. 자신이 보았던 노새가 모두 회갈색이었기 때문이다. 하지만 1000마리 회갈색 노새가 과연 모든 노새가 회갈색임을 보장할까? 논리학에서는 이런 지식 형성 방식을 귀납법이라고 하지만, 연역법이란 방법도 있다. 예를 들어 모든 사람은 말할 수 있고, 당신도 사람이라면, 당신은 말할 수 있다고 주장하는 것이 연역법이다. 이런 식의 지식 형성 방법은 전제가 타당할 때에만 결론도 타당하다. 그런데 모든 사람이 말할 수 있는지 없는지 이 전제는 과연 타당할까? 더구나 모든 사람이 말할 수 있는지 확인해 보았다면, 당신이 말할 수 있는지도 이미 확인한 것 아닌가? 따라서 이런 식의 주장은 사실 하나 마나 한 것이다.

인간이 가진 지식은 자신이 사는 사회나 지구상에서의 경험과 관찰에 기초한다. 우리가 지구를 넘어 태양계, 그리고 무한히 펼쳐진 우주를 생각할 때 과연 우리의 지식이 믿을 만하다고 볼 수 있을까? 우리는 이 우주에 무엇이 존재하는지도 모르는데, 과연 우주에 대해 안다고 말할 수 있을까? 내가 이렇게 아무것도 모르겠다는 불가지 상태에 빠져 있을 때면, 세상은 더욱 우스워 보인다. 세상 사람들의 말이나 행동이 우스워 보인다. 그렇게 확신에 차서 뭔가를 주장할 때면, 당신의 머리 위를 보라고 말하고 싶다. 이 광활하고 무한한 우주를 보라고 말하고 싶다. 사람들이 더 많은 것을 가지려 하고, 남보다 잘났다고 과시하려 하고, 남의 것을 빼앗고, 남을 무시하는 데 혈안이 되어 있을 때, 시작도 끝도 모르는 이 우주에서 인간이란 얼마나 미미한 존재인지 생각해 보라고 말하고 싶다. 더구나 돈이 없어서, 직장이 없어서, 그나마 직장이 있더라도 변변치 못해서, 사회적 지위가 낮고, 외모도 볼품없어 삶이 무겁고, 힘들고, 괴로울 때, 이 세상이 얼마는 우스운지 마음껏 조롱해 보라고 말하고 싶다.

모든 인간은 죽는다. 오래 살아봤자 100년을 넘기기 어렵다. 물론 개개의 인간이 아니라, 인류 전체를 보면

100년보다 훨씬 길게 살았다. 현생 인류의 조상인 호모 사피엔스가 이 지구상에 출현한 게 길게 잡아 30만 년 전이니 말이다. 그러나 이것도 지구의 나이에 비하면 엄청나게 짧다. 지구는 46억 년 전에 형성되었다고 한다. 그렇다면 우주는? 빅뱅이론에 따르면 지금의 우주는 138억 년 전 고밀도와 고온의 한 점과 같은 상태가 폭발하여 만들어졌다. 그럼 이 한 점은 언제부터 있었을까? 여기에 대해 말해진 것은 없다.

이렇게 본다면 우주는 시작도 끝도 없는 무한성 속에서 존재하며, 이에 비해 내 인생은 점 하나로도 찍을 수 없는 일순간에 지나지 않는다. 그런데 이 일순간 같은 인생에 사는 방법이 정해져 있을까? 시작도 끝도 알 수 없고, 무한하고 무한한 우주의 눈으로 보면 다 우스운 일이다. 점보다 작은 인간이 다르면 얼마나 다르다고, 구별하고 차별해야 할까? '우주의 눈'으로 보면 다 거기서 거기다.

「장자」에는 팔천 년을 산 '대춘'이라는 나무 이야기가 나온다. 그 긴 시간도 우주의 눈으로 보면 일순간에 지나지 않는다.

제3장

니힐리즘과 만나다

우주적 고독

나의 사춘기는 길었던 것 같다. 중학교 때 시작된 사춘기가 고등학교 시절까지 이어졌다. 그래서 그런지 이 시기에 대한 기억이 많다. 특히 장래 희망, 진로 등에 대한 고민이 컸다. 나름대로 답은 있었지만, 통속적이었다. 이 무렵 어른들은 아이들을 보고 커서 훌륭한 정치인이 되라고 말하는 경우가 많았고, 실제로 학생들의 장래 희망 중엔 정치인도 제법 있었다. 나도 그랬다. 그런데 내 인생의 전환점이 될 만한 일이 생겼다. 우연히 TV 대담프로에서 홍성우라는 국회의원이 '철인왕'

을 언급한 것을 본 것이다. 철인왕은 철학자인 왕을 뜻한다는 점에서, 훌륭한 정치인은 철학을 알아야 하고, 철학자이어야 한다는 의미이다. 이때부터 철학이란 단어는 나에게 각별한 의미를 지니게 되었다. 그러던 중 영국의 2차대전 영웅인 몽고메리 장군이 쓴 「지도자의 길」(1979)이란 책을 읽게 되었다. 하지만 정작 내 눈길을 끌었던 것은 이 책의 저자가 아니라, 이 책의 번역자였다. 지금 생각하면 진짜 번역했을까 싶지만, 번역자는 김영삼이었다. 당시에는 군부독재 정권으로부터 탄압받던 야당 지도자였고, 1992년에는 대통령에 당선되었던 그 사람 말이다. 이 책의 번역자였던 김영삼이 내 눈길을 끌었던 것은 그의 학력에 철학과 졸업이라고 쓰여 있었기 때문이다. 아, 정치인이 되려면 철학을 해야 하겠구나! 이때부터 나의 관심은 철학으로 향하기 시작했고, 철인왕 이야기가 나오는 플라톤의 「국가」에서부터 당시에는 너무도 이해하기 어려웠던 정치 철학 관련 서적들을 읽었다.

그런데 정치인이라는 장래 희망 때문에 철학에 관심을 두었지만, 정치가 아니라 철학 쪽으로 서서히 무게 중심이 옮겨갔다. 그 이유는 사춘기 때문이었을까? 사춘기가 나를 고민, 갈등, 고독, 반항으로 몰아갔기 때문일까? 머릿속은 수많은 생각들로 어지러웠고, 머리를 어지럽게 한 생각들은 나에게 불안과 고독감마저 안겨 주었다. 그것은 다름 아닌 내가 사는 무한한 우주에 대한 것이었다. 도대체 한도 끝도 알 수 없는, 그렇기에 무한하다고밖에 말할 수 없는 이 우주는 왜 있는 것일까? 다시 말해 왜 무가 아니라, 존재일까? 그리고 형언할 수 없이 무한한 우주에서 바닷가 모래알보다 작은 이 지구가 마치 우주 전체인 양, 그리고 이런 지구의 중심이 마치 자기 자신이라도 되는 양 서로 아귀다툼하며 싸우는 인간의 모습은 또 뭔가? 세상이 우습다가도 우주의 불가사의함에 불안감을 느꼈고, 이 광활한 우주에 홀로 내던져졌다는 느낌은 고독감마저 안겨 주었다.

니체와 니힐리즘

그러던 어느 날 고등학교 2학년 때인가 내 인생에 결정적 영향을 끼친 일종의 전율을 경험했다. 그것은 니힐리즘과의 만남이었다. 당시 EBS에는 '사상가의 시간'이란 프로그램이 있었다. 이것은 서구의 사상가를 소개하는 방식으로 진행되었고, 그중 하나가 니힐리즘의 도래를 예고한 니체였다. 니힐리즘이란 인간이 마땅히 따라야 할 그 어떤 삶의 목적이나 가치도 존재하지 않고, 이 세계 역시 아무런 이유도 목적도 없이 존재하며, 그저 무의미한 생성, 변화, 소멸만이 반복된다는 철학적 입장이다. 나는 이러한 니힐리즘을 통해 당시 나의 고민의 정체가 결국 니힐리즘임을 알게 되었다. 그러니까 나는 니힐리즘을 통해 나의 고민을 표현할 수 있는 철학적 언어를 알게 된 셈이다.

니체는 왜 니힐리즘을 주장했을까? 사실 니체가 니힐리즘을 주장한 것은 아이러니한 일이다. 니체는 독실한 기독교 가정에서 성장했다. 그가 기독교 신앙을 가졌다면, 니힐리즘을 주장하진 않았을 것이다. 니체의 아버지는 루터교 목사였고, 친할아버지 역시 목사였으며, 친할머니의 선조는 5대조 때부터 목사였다. 그의 어머니 역시 목사의 딸이었다. 그가 기독교인이었다면, 이 세계는 신이 창조한 것이며, 따라서 이 세계는 신의 섭리에 따라 운행하고, 인간은 신의 뜻에 따라 구원에 이르는 삶을 살아야 한다고 믿었을 것이다. 더구나 기독교에서 구원이란 천국에서의 영원한 삶과 행복을 보장하지 않던가! 그러나 니체는 그렇지 않았다. 그는 오히려 신의 죽음을 선언했기 때문이다. 니체의「즐거운 학문」에는 신의 죽음을 선언하는 유명한 장면이 나온다.

여기서 니체는 밝은 대낮에 등불을 켜 들고 광장에 나타난 미친 사람의 입을 통해 신의 죽음을 선포한다.

> 나는 신을 찾는다. 나는 신을 찾는다. 신은 어디로 갔는가? 신이 사라졌나? 신이 아이처럼 길을 잃었나? 아니면 신이 숨기라고 했나? 나는 말한다. 신은 죽었다! 우리가 신을 죽었다! 당신들은 신의 시체가 부패하는 냄새를 맡지 못하는가? 지금 이 교회들은 신의 무덤과 묘비가 아닌가? 나는 당신들 앞에서 신의 영혼을 기리는 진혼곡을 부른다.
> ― 니체, 「즐거운 학문」 니체 전집 12, 책세상, 199-201쪽, <125. 광인> 축약

이렇게 니체는 신의 죽음을 선포하지만, 니체가 단순히 기독교 신을 부정하거나 자신이 무신론자임을 공포한 것은 아니다. 서구 문화에서 신이란 어떤 존재인가? 서구 문화에서는 중세까지만 해도 신은 인간의 삶에 의미를 부여하는 최종 근거였다. 인간은 절대적이고 영원한 존재인 신의 섭리에 따라, 그가 정해놓은 궤적을 따라 살아갈 때, 그 삶은 의미가 있고 가치가 있었다. 그리고 인간이 절대적 가치인 양 추구하는 것들은, 그것이 진리이든, 정의이든, 도덕이든, 결국에 가서는 신을 최종 근거로 삼았다. 그러나 근대에 이르러 많은 사람은 절대적이고 영원한 존재인 신에 대한 믿음을 상실

했고, 신의 영향력 또한 사라졌다. 니체가 신의 죽음을 선언한 것은, 신이 지배하던 중세 시대가 붕괴한 후 신의 존재가 점차 아무런 의미도 갖지 못하는 상황을 상징적으로 표현한 것이다.

무의 상태

그런데 문제는 여기에서부터 시작된다. 신이 죽었다는 선포는 단지 신의 부재만을 알리는 것이 아니라, 지금까지 인간에게 삶의 방향을 제시하고, 인간의 삶에 의미와 가치를 부여하던 최종 근거가 해체됨을 의미하기 때문이다. 인간의 삶은 단순한 생물학적 생명 현상이 아니다. 만약 그렇다면 인간은 동물과 마찬가지로 본능에 따라 살고 있을 것이다. 배고프면 먹고, 졸리면 자고, 성적 충동을 느끼면 짝짓기를 하면서 말이다. 그러나 인간은 본능에 따라 사는 동물과 달리 삶의 의미와 가치를 묻는다. "어차피 죽을 것 왜 살지?" 인간은 이렇게 삶 자체를 문제 삼는다. 그렇기에 인간은 삶이 아무리 괴로워도, 이 괴로움에 의미가 있다면 이를 견딘다. 그러나 아무런 의미 없이 괴롭기만 하다면 인간은 차라리 삶을 포기할지도 모른다. 기독교 교회는 흔히 내세의 구원을 말하며, 현재의 고통을 감내하도록 설교한다. 그리고 이것이 인간이 사는 의미이자 목적이라고 말한다. 따라서 지금까지 삶의 의미와 가치, 그 방향까지 제시했던 바로 그 신이 죽었다는 선포는 삶 자체를 문제 삼는 인간에게 치명적인 결과를 초래한다. 이제 인간은 삶의 의미, 가치, 방향 모두가 사라진 '무(nihil)'의 상태에 빠지기 때문이다. 이것이 니힐리즘(nihilism)이다.

그러나 니체가 말하는 니힐리즘은 여기에 국한되지 않는다. 니힐리즘은 인간이 따라야 할 그 어떤 삶의 의미도 가치도 없다는 태도이지만, 동시에 이 세계 자체도 그 어떤 목적이나 이유도 없이 그저 생성, 변화, 소멸이 반복되는 무가치한 존재로 본다. 따라서 니힐리즘의 관점에 선다면, 이 세계가 창조되었다든지, 이 세계가 어떤 목적을 향해 간다든지, 이 세계에 통일적 질서가 있다든지, 이 세계에는 가짜 세계와 참된 세계가 있다든지 하는 생각들은 인간이 만들어 낸 허구에 지나지 않는다. 기독교에서 신은 이 세계의 창조자이다. 그리고 이 세계는 신의 섭리에 따라 운행되는 질서 있는 체계이다. 그러나 이 세계는 참된 세계가 아니다. 인간에게 이 세계는 구원을 통해 천국이라는 또 다른 세계로 가는 정거장에 불과하기 때문이다. 따라서 신이 존재하지 않는다면, 이 세계는 자신의 원인, 질서, 목적 등 모든 것을 상실하게 된다. 즉 우리가 사는 이 세계는 아무런 목적이나 이유도 없이 그저 생성, 변화, 소멸이 반복되는 무가치한 세계라는 것이다.

이렇게 인간의 삶이나 이 세계 모두가 정해진 가치가 없는 '무(無)'가 된다면, 이제 인간은 어떻게 살아야 할까? 아니면 더는 살 이유가 없을까? 니힐리즘과의 만남은 단순히 인간의 삶과 이 세계에 대한 새로운 인식에 그치는 것이 아니다. 니힐리즘은 삶의 방향 상실은 물론 우리에게 불안감과 절망감마저 안겨 주기 때문이다. 니체는 신의 죽음이 만든 니힐리즘 상황을 지구가 태양 중심의 궤도를 벗어난 것에 비유한다.

> 태양으로부터 떨어져 나온 지구는 이제 어디로 움직여야 하는가? 우리는 어디로 가야 하는가? 모든 태양으로부터 떨어져 나온 지금 우리는 어디론가 끊임없이 추락하고 있는 것은 아닌가? 과연 위와 아래가 있기나 한 것일까? 우리는 무한한 우주 공간을 방황하며, 한숨이나 내쉬고 있는 것은 아닌가? 갑자기 한파가 몰아닥치고, 밤과 밤이 이어지는 칠흑 같은 어둠이 찾아드는 것은 아닌가? 대낮에도 등불을 켜야 하는 것 아닌가? ─ 니체, 「즐거운 학문」 니체 전집 12, 책세상,

브레이트, 갈릴레이의 생애

그렇다. 니힐리즘은 결코 즐거운 경험이 아니다. 그것은 우리가 지금껏 한 번도 느껴보지 못한 새로운 종류의 불안감과 절망감일지도 모른다. 아마도 역사적으로 보면, 천동설이 붕괴하고 지동설이 등장한 천문학 혁명기는 이를 보여 준 극적인 시기인지도 모른다. 지구를 중심으로 모든 별이 회전한다는 천동설은 신이 이 지구를 우주의 중심으로 삼고 있을 뿐만 아니라, 인간을 이 지구의 중심으로 창조했다는 기독교 교리와 상통한다. 따라서 지구가 우주의 중심이 아니라, 태양을 도는 행성에 불과하다는 지동설은 신의 죽음을 의미한다. 과연 사람들은 이러한 세계관의 변화를 순탄하게 받아들였을까?

독일 문학가 브레히트의 희곡 「갈릴레이의 생애」에서는 농촌 출신의 젊은 신부가 갈릴레이를 찾아와 지동설에 대한 자신의 회한을 토로하는 장면이 나온다. 이를 보면 천동설의 붕괴, 즉 신의 죽음이 인간의 삶에 어떤 충격을 안겨 주었는지 단적으로 알 수 있다.

갈릴레이 선생님. 저는 기독교 교리와 지동설을 어떻게 조화시켜야 할지 너무나 고민이 컸습니다. 그런데 제 결론은 지동설을 포기하는 것입니다. 저는 기독교 교리에 담긴 뜻을 저버릴 수 없기 때문입니다. 제 부모님은 캄파냐의 가난한 농부입니다. 이분들은 올리브 나무를 키우는 것에 대해서는 모르는 게 없지만, 이것 외에는 일자무식한 사람들입니다. 제 부모님은 백 년이 넘은 낡아빠진 집에서 살고 계십니다. 아버지는 일이 너무 고돼서 등이 굽어 버렸고, 어머니는 없는 살림에 자식 낳고 키우느라 이젠 기력이 다하신 것 같습니다. 하지만 이분들은 힘든 삶을 잘 견뎌내십니다. 이분들은 하나님의 보살핌이 자신에게도 향하고 있음을 믿기 때문입니다. 그리고 이분들은 하나님이 이 세상을 창조하셨고, 이 세계에서 자신들이 감당할 역할이 있다고 믿고 있습니다. 그런데 말입니다. 만약 이 지구가 허공에 떠서 그 어떤 별 주위나 돌고 있는 작은 돌덩이에 지나지 않는다면, 이분들은 무엇 때문에 이 힘든 삶을 견디며 살까요? 이분들이 겪는 가난, 굶주림, 그 힘든 일들이 다 하나님의 뜻에 따라 공적을 쌓는 일이 아니라면, 이분들은 자신들이 속았다고 생각하며 분노하지 않을까요? 가난은 그저 돈이 없는 것이고, 굶주림은 먹지 못하는 것이고, 힘든 일은 그저 몸을 상하게 할 뿐이라면 이런 고통을 감내하며 살 이유가 있을까요?
— 한국브레히트학회 편, 「갈릴레이의 생애」 「브레히트 선

나는 사춘기 시절의 나의 고민이 바로 니힐리즘에서 비롯된 것임을 알게 되었다. 그러나 니힐리즘은 나의 고민을 표현할 철학석 언어일 뿐 해결책은 아니었다. 나는 나의 고민이 니힐리즘에서 비롯된 것임을 알게 되면서 오히려 더 많은 고민을 갖게 되었다. 인간이 따라야 할 그 어떤 삶의 목적, 가치, 의미도 없다면, 이 세계가 그저 생성, 변화, 소멸이 반복되는 무가치한 세계라면, 나는 어떻게 살아야 할까? 사회도 도덕도 법도 정의도 다 필요 없는 것일까? 아니면 이 모든 것을 다시 생각해 보아야 할까? 그리고 내가 지금껏 인간과 사회와 자연에 대해 알고 있는 것은 다 허구일까? 나는 이 모든 문제를 다시 생각해 볼 수밖에 없었고, 이 때문에 나는 철학의 길을 가게 되었다. 그리고 한때는 철학과 학생으로 지금은 철학 교수로 여전히 철학을 하며 산다. 그간 내가 무엇을 배웠고, 어떤 생각에 도달했든, 변함없는 사실은 이 모든 것이 결국 사람이 창조한 것일 뿐, 인간의 삶과 이 세계가 지금처럼 원래 그렇다는 것도, 반드시 그래야 한다는 것도 아니라는 점이다.

도대체 한도 끝도 알 수 없는, 그렇기에 무한하다고밖에 말할 수 없는 이 우주
는 왜 있는 것일까? 왜 무가 아니라, 존재일까?

제4장

나는 '나'가 아니다

내가 아는 화가 한 분이 있다. 불교와 노장사상에 정통한 분이다. 한국에서는 동양의 붓글씨 필법으로 서양의 추상화를 그리는 것으로 유명하다. 80세 가까운 고령이지만 아직도 약주를 즐긴다. 술이 얼큰하게 취하면, 한 말씀하신다. "태어나지도 않았는데, 죽기는 왜 죽어!" 그런데 이 말씀을 하시는 분이 지금 내 앞에 존재하고 있지 않은가? 태어남이 없다면, 죽음도 없다. 태어나지 않으면 존재하지도 않기에 죽지도 않는다는 것은 당연한 말이다. 그런데 태어나지도 않았는데 존재할 수 있을까?

존 스타인벡, 분노의 포도

1962년 노벨 문학상을 받은 미국의 소설가 존 스타인벡의 소설 「분노의 포도」에는 케이시라는 인물이 등장한다. 그는 한때 성령 충만한 목사였다. 그는 충만한 성령으로 예배를 이끌다가 자기감정을 주체할 길 없어 물구나무선 채로 설교하기도 했다. 교회당에 모인 신도들도 마찬가지였다. 이들도 성령에 이끌려 펄쩍펄쩍 뛰면서 지쳐 쓰러질 때까지 하나님의 영광을 소리높이 외쳤다. 그런데 케이시는 이런 자신이 위선자라고 생각했다. 그리고 목사직을 버렸다. 그는 성령의 부름을 받아 사람들을 이끌어야 한다고 생각했지만, 이들을 어디로 이끌어야 할지 알 수 없었기 때문이다.

하지만 한 가지 분명한 사실이 있었다. 케이시는 사람들을 사랑하는 감정이 복받쳐 올라 온몸이 터질 것만 같았다고 한다. 그래서 그는 사람들을 행복하게 해주고 싶었고, 사람들을 행복하게 해줄 것만 같은 말로 설교했다. 이제 그는 다음과 같이 고백한다. "우리가 사랑하는 건 모든 남자와 모든 여자인지도 몰라. 어쩌면 그게 바로 성령인지도 몰라. 바로 인간의 정신. 어쩌면 모든 사람이 하나의 커다란 영혼을 갖고 있어서, 모두가 그

영혼의 일부인지도 몰라".

만약 이처럼 모든 사람이 하나의 동일한 커다란 영혼을 가지고 있다면, 사람들은 서로 구별되지 않는 한몸이나 마찬가지다. 그리고 우리가 영원히 존재하는 이 커다란 영혼으로 존재하는 한 누구도 태어나고 죽는 존재가 아니다. 하지만 이런 경우 다른 사람과 구별되는 '나'가 있는 것은 아니다. 살아있는 것은 '나'와 '너'가 구별되지 않는 이 커다란 영혼이기 때문이다. 케이시는 모든 사람을 향한 자신의 사랑을 절감하면서 이 커다란 영혼이 실재함을 깨달았다. 그는 우리가 서로에게 사랑을 느끼는 것이 우리가 같은 영혼이란 점에서 한몸이기에 가능한 일이라고 생각한 것이다.

브라만과 아트만

힌두교의 철학적 기원으로 알려진 「우파니샤드」는 '브라만'과 '아트만'을 통해 인간만이 아니라, 만물이 하나임을 설명한다. 이에 따르면 이 세계 만물의 근원으로서, 이 세계 모든 개별적 존재들에 내재할 뿐만 아니라, 비록 개별적 존재들이 생성, 변화, 소멸하더라도, 변하지 않고 영원히 존재하는 것이 있는데, 이것이 브라만이다. 그리고 이 브라만이 개별적 존재에 내재할 경우이를 아트만이라고 부른다. 따라서 이 세계에 존재하는참된 실재는 브라만과 아트만이며, 시간과 공간 속에서변화하는 모든 개별적 사물은 허상과 환영에 불과하다.그리고 인간은 허상과 환영에 불과한 육체의 구속에서벗어나 주관적 감정, 생각, 욕구 등을 극복할 때 아트만을 인식할 수 있다. 그런데 브라만과 아트만은 같은 것이기 때문에 인간이 자신에 내재한 아트만을 인식한다는 것은 브라만을 인식하는 것이며, 이를 깨달을 때 세계 만물만이 아니라, 인간 모두가 한몸임을 알게 된다.

나를 육체가 아니라, 육체에 내재해 있는 아트만으로이해한다면, 나는 태어나고 죽는 존재가 아니라, 영원불변의 존재다. 아트만은 세계의 근원이자, 영원불변의참된 실재인 브라만과 같은 것이기 때문이다. 이런 브라만과 아트만의 관계는 알 듯 모를 듯하지만, 비유적으로 생각해 보면 무슨 뜻인지 상상해 볼 수는 있다. 세종대왕이 지었다는 〈월인천강지곡〉이라는 찬가의 제목은 하늘에 떠 있는 달은 하나지만, 1000개의 강에 달이 비쳐져 있다는 의미이다. 그렇다! 1000개의 강의 모습은 각기 다르지만, 여기에 비쳐진 달이 모두 같은 달이듯, 브라만은 하나이지만, 수많은 개별적 사물에도 존재한다.

'나'의 문제

사람들은 눈으로 보고, 귀로 듣고, 코로 냄새 맡고, 혀로 맛을 보고, 몸으로 감촉을 느끼며, 이런 감각 활동을 하는 '나'가 존재한다고 생각한다. 물론 감각 활동만이 아니다. 감정을 느끼고, 무언가 생각하고, 무언가 하려고 의지하며, 자신과 세계를 인식하면서, 이 모든 행동을 수행하는 주체인 '나'가 존재한다고 생각한다. 그렇다면 이 '나'는 내가 아무것도 보고 있지 않은 순간에도 존재하며, 내가 이것을 생각할 때나 저것을 생각할 때나, 이전과 다른 것을 생각할 때도 이 '나'는 항상 같은 '나'일까? 만약 그렇다면, 이 '나'는 감각, 감정, 사고, 의지, 인식 등 모든 정신적 활동에 앞서서 독립적으로 존재할 뿐만 아니라, 태어나서 죽을 때까지 항상 동일한 것으로 존재해야 한다.

이런 '나'는 어디에 있는가? 내 몸이 '나'인가? 몸은 변한다. 태어날 때의 몸과 죽을 때의 몸은 결코 같은 몸이 아니며, 어제의 몸과 오늘의 몸과 내일의 몸이 다르다. 몸을 구성하는 세포도 1초당 최대 300만 개의 세포가 생성되었다가 소멸하며, 1년 정도면 몸을 이루는 세포 대부분이 새것으로 교체된다. 그렇다면 몸은 결코 태어나서 죽을 때까지 불변으로 존재한다는 '나'가 아니다.

하지만 나의 몸이 변했음에도 변한 나의 몸을 여전히 '나'로 이해한다면, 사실 몸이 죽어서 흙으로 변하니, 이 흙도 '나'라고 해야 하고, 이 흙이 거름이 되어 식물의 몸이 되고, 이 식물을 먹고 동물이 산다면, 이 또한 '나'이고, 이 동물을 먹고 다른 사람의 몸이 만들어졌다면 타인의 몸 또한 '나'라고 보아야 한다. 그리고 반대로 내가 먹은 음식이 변해서 내 몸의 세포가 되었다면, 이 음식을 '나'라고 해야 하고, 이 음식을 만들어낸 식물, 동물도 '나'이고, 이 식물, 동물을 생존하게 한 물, 공기, 흙 등 자연 전체가 '나'다. 그렇다면 나는 태어나고 죽는 존재도 아니고, 타인과 구별되는 존재도 아니다. '나'는 세계 전체와 한몸이나 마찬가지이다.

만약 '나'가 몸 자체가 아니라, 몸의 일부인 뇌라면 어떤가? 뇌는 정신적 활동이 일어나는 신체 기관으로 알려져 있다. 그러나 과연 뇌가 모든 정신적 활동에 앞서서, 이로부터 독립하여 존재한다는 '나'를 의미할까? 뇌는 대뇌, 중뇌, 소뇌, 간뇌 등으로 이루어졌고, 이 중 대뇌는 다시 좌뇌와 우뇌로 이루어져 있고, 좌뇌는 논리적 사고나 계산 등을 담당하고, 우뇌는 감각적 사고나 공간 인식 등을 담당한다. 이렇게 뇌의 구성 부분에 따라 각각 담당하는 정신적 활동이 다르다면, 보고 듣는 나, 감정을 느끼는 나, 사고하는 나, 의지하는 나, 인식하는 나 역시 같은 것이 아니라, 서로 다른 것이 된다. 더구나 뇌는 수많은 세포와 신경망으로 구성되어 있고, 정신적 활동이 세포나 신경망을 통해 이루어진다면, 세포나 신경망의 수만큼 다양한 정신적 활동이 발생한다. 그러면 그만큼 정신적 활동 주체도 무수히 많다고 보아야 할까? 만약 그렇다면 정신적 활동의 주체는 하나의 동일한 존재가 아니라, 서로 다른 정신적 활동이 일어날 때마다 서로 다른 존재가 된다.

중국에 선불교를 전한 1대 종사 달마 대사가 그의 제자인 혜가와 나눈 유명한 선문답이 있다. 혜가가 말했다. "마음이 편치 못합니다." 그러자 달마 대사가 말한다. "그럼 마음을 꺼내 보여라!" 혜가는 고백한다. "마음이 어디에 있는지 모르겠습니다!" 사람들은 마음이 존재하고, 이 마음이 괴로움을 느낀다고 생각한다. 그러나 달마가 말하고자 하는 것은 괴로움이 있다고 해서 괴로움을 느끼는 마음, 즉 모든 희노애락의 주체인 '나'가 따로 존재하는 것은 아니라는 점이다. 만약 그렇다면 굳이 괴로워할 것도 없지 않은가?

주체 없는 활동

니체는 흔히 정신적 활동의 주체라고 말하는 '나'를 부정한다. 니체에 따르면, 주어와 술어로 형성된 언어의 문법적 구조 때문에 사람들은 언어를 반복적으로 사용하면서 점차 이 세계도 언어적 구조로 이루어진 것처럼 생각하는 착각에 빠졌다. 그리고 이 때문에 흡사 주어처럼 모든 사고와 행위에 앞서, 이로부터 독립된 '나'라는 실체가 항상 동일하게 존재하는 것처럼 생각한다. 이런 점에서 니체에게 '나'는 "실체 없는 지평선"처럼 가상적 존재, 즉 인간의 착각이 빚어낸 허구에 불과하다. 따라서 니체는 존재하는 것은 무수한 정신적, 혹은 신체적 활동일 뿐, 이 활동을 수행한다는 이른바 불변적이며, 항상 동일한 주체가 따로 실재하는 것은 아니라고 생각한다. 이것이 '주체 없는 활동'이라는 그의 유명한 주장이다.

그렇지만 활동이 있다면, 당연히 활동 주체가 있는 것
아니냐는 생각을 떨쳐버리지 못한다면, 차라리 활동
주체가 다양하다고 말해야 한다. 즉 이전의 행동과 지
금의 행동, 그리고 앞으로 수행될 활동의 주체가 다 같
은 주체가 아니라, 이 활동들이 서로 다른 것처럼 그 주
체 또한 다른 존재로 보아야 한다는 것이다. 물론 개개
의 감정과 생각이 나타났다 사라지듯이 이런 주체 역
시 일시적으로 존속할 뿐이다. 사람들이 하나의 불변적
주체를 가정한 것은 다양한 정신적 활동들을 흡사 그
물처럼 하나로 엮으면서 이에 상응하는 하나의 통일적
활동 주체를 가정하기 때문이다. 그러나 나의 생각, 감
정, 의지가 항상 같은 것이 아니라, 여러 가지 생각, 감
정, 의지가 교차하면서 서로 대립하고 갈등하고 있음을
경험할 때면, 하나의 통일적 주체가 있는지는 의심스러
울 수밖에 없다.

공(空)과 연기(緣起)

불교의 핵심경전인 「반야심경」에 따르면 사람들은 감
각, 감정, 사고, 의지, 인식을 수행하는 '나'가 존재한다
고 생각한다. 그러나 이런 생각도 하나의 생각이거나

느낌일 뿐이며, 이런 정신적 현상 속에 불변적으로 존재하는 그 어떤 실체도 없다. 다시 말해서 이 모든 정신적 활동에서 그 주체의 자리는 비어있다는 것이다. 즉 '공(空)'하다. 마찬가지로 사람들은 우리가 뭔가를 볼 때 보는 나가 나타나고, 뭔가를 인식할 때 인식하는 나가 나타난다고 생각한다. 그렇다면 보거나 인식하기 전에 이 나는 어디에 있었고, 보거나 인식한 후 이 나는 어디로 사라진 것일까? 이 나는 온 곳도, 간 곳도 없이 허망하게 나타났다 사라지는 망상에 불과하며, 감각, 감정, 사고, 의지, 인식과 같은 행위는 있지만, 그 배후에 아무런 행위자도 없다. 따라서 '나'라는 생각이 있어도, 그에 상응하는 어떤 실체가 존재하는 것은 아니다. 이것이 "업보(業報)는 있지만, 작자(作者)는 없다"라는 불교의 유명한 주장이다.

불교 철학자 한자경은 감각, 감정, 사고, 의지, 인식과 그 행위자로 가정된 '나'의 관계를 집에 비유하기도 한다. 집은 담과 천장, 바닥 등의 결합체일 뿐, 집이라는 단어에 상응하는 집 자체가 단일한 실체로 따로 존재하는 것은 아니다. 따라서 이런 결합체가 유지될 때 집은 존재하지만, 결합이 해체되면 집은 존재하지 않는다. 이처럼 '나'라는 존재 역시 감각, 감정, 사고, 의지,

인식 등 정신적 활동을 하나로 엮어서 만들어낸 화합
물이며, 이런 정신적 활동의 안이나 밖에서 '나' 자체가
존재하는 것은 아니며, 이런 정신적 활동을 하나로 엮
지 않으면, 우리 생각에서조차 '나'는 존재하지 않는다.
물론 이는 집을 구성하는 구성물에도 해당한다. 다시
말해 집을 구성하는 담, 천장, 바닥 역시 그 자체로 존
재하는 것이 아니며, 감각, 감정, 사고, 의지, 인식 역시
그 활동을 수행하는 각각의 행위자가 따로 존재하는
것도 아니다. 이 모든 것은 또 다른 무언가가 결합하여
만들어낸 일시적 현상이기 때문이다.

그렇다면 행위자가 없는데 어떻게 감각, 감정, 사고, 의
지, 인식과 같은 정신적 활동이 일어날까? 불교 철학에
서는 이를 '연기緣起' 개념으로 설명한다. 연기란 인도
고대 방언인 팔리어 어원을 보면, 어떤 것에 '연유하여'
일어난다는 뜻이다. 그리고 이는 세상의 모든 일이 상
호작용 속에서 서로 원인이 되고 조건이 되어, 즉 인연
속에서 발생하며, 그 어떤 것도 독립적으로 실재하는
것이 아님을 의미한다. 이런 점에서 나의 몸이 태어나
고, 먹고, 배설하고, 숨 쉬고, 행동하고, 죽는 일들이 자
연 속의 수많은 순환적 관계 속에서 일어나며, 이런 몸
이라는 조건에서 발생하는 감각, 감정, 사고, 의지, 인식

등 정신적 현상 역시 이러한 자연만이 아니라, 수많은 타인과의 순환적 상호작용 속에서 발생한다. 따라서 내가 나의 신체나 나의 정신적 현상이라고 말하는 것들은 독립적으로 존재하는 것이 아니라, 나 아닌 다른 것들이 서로 원인이 되고 조건이 되어 만들어진 산물이다.

분별의식

이렇게 우리가 '나'라고 부르는 것이 어떻게 만들어지는지를 이해한다면, 모든 변화에도 항상 동일하게 존재한다는 '나'에 대한 생각은 망상에 불과하다. 따라서 우리가 순간순간 발생하다 사라지는 감각, 감정, 사고, 의지, 인식 등을 결합하여 이를 항상 동일하게 존재하는 '나'인 것처럼 조작하고, 이런 '나'에 집착하여 나와 나 아닌 것을 분별하려고 하지 않는다면, 온 우주가 '참된 나'이며, 나는 태어나고 죽는 것이 아니라, 수많은 인연 속에서 계속 새로운 모습으로 존재할 수 있다.

사실 많은 고통이 남과 구별되는 '나'라는 분별의식에 기원한다. 이 '나'가 있기에 타인과 자신을 비교하고 평가하며, 어떤 사람은 우월감을 느끼고, 어떤 사람은 열등감을 느낀다. 그러나 누구도 영원히 우월할 수는 없다. 그렇기에 자신의 우월성을 확보하기 위해 모든 사람이 존재하지도 않는 '나'에 집착하여 더 많은 부, 권력, 명예 등을 추구한다. 분명 '나가 존재하지 않는다'는 주장은 우리의 일상적 의식과는 배치된다. 그러나 우리가 한 번쯤 모든 정신적 활동을 통합하는 하나의 동일한 '나'라는 것이 인간이 조작해 낸 망상일 뿐이며, 나는 수많은 인연 속에서 생성하고 변화할 뿐만 아니라, 세계 만물과 순환적으로 한몸을 이루고 있음을 생각해본다면, 남보다 우월하기 위해 나 스스로 나에게 얹어놓은 인생의 무거운 짐을 잠시나마 내려놓을 수 있지 않을까?

변하지 않고 항상 동일한 '나'가 존재할까?

제2부

니힐리스트 철학자
니체

제2부 니힐리스트 철학자 니체

제1장

달팽이 뿔 위에서 싸우다

대진인의 지혜

노자의 「도덕경」과 함께 '노장사상'을 대표하는 「장자」 '칙양'편에는 '와각지쟁(蝸角之爭)'이라는 비유가 나온다. '와'는 달팽이를 뜻하고, '각'은 달팽이 뿔(더듬이)를 뜻하니, 이 말은 달팽이 뿔 위에서 싸운다는 뜻이다. 중국 전국시대에 위나라는 제나라가 동맹을 깨자 이에 보복하려고 했다. 어떻게 보복할지 격론을 벌이다가 '대진인'이라는 현자에게 조언을 구했다. 바로 이 대진인이 와각지쟁이란 비유를 말한 것이다.

이 비유에 따르면, 달팽이 왼쪽 뿔에는 촉씨의 나라가 있고, 오른쪽 뿔에는 만씨의 나라가 있는데, 영토분쟁으로 수만 명의 애꿎은 목숨만 잃었다는 것이다. 사람들이 이 비유에 담긴 뜻을 이해하지 못하자, 대진인은 문답을 통해 깨우침을 주었다. 우주는 동서남북으로나 위아래로나 끝이 없다. 위나라든 제나라든 이 우주에서는 티끌보다 작다. 무한한 우주의 관점에서 보면 위나라나 제나라나, 달팽이 뿔 위에 있다는 촉씨의 나라나 만씨의 나라나 다 거기서 거기다. 그런데 위나라와 제나라가 서로 옥신각신하고 있으니 달팽이 왼쪽 뿔과 오른쪽 뿔 위에서 서로 싸우는 것과 뭐가 다르냐는 것이다.

그렇다. 한도 끝도 없는 무한한 우주를 생각하면 티끌보다 작은 지구에서 티끌도 안 되는 인간들이 서로 옥신각신하며 싸우고, 싸움이 커지면 폭력이 난무하고, 전쟁도 불사하고, 세계 대전까지 일어난다. 지금은 핵전쟁으로 아예 인류 자체가 사라질 수 있다. 무한한 우주의 눈으로 보면 현미경으로 살펴보아도 찾을 수 없는 미미한 존재들이 이러고 있다고 생각해 보자. 한마디로 우습지 않은가? 물론 우주가 제아무리 넓다고 해도 지금 이 순간 내 눈앞의 사소한 이익이라도 이게 제일 중요한 게 인간이다. 그러나 우주의 눈으로 보면 우리에게 아무리 큰 문제라도 작아 보인다. 따라서 무한한 우주를 생각하면 그만큼 사람들 사이의 갈등과 대립도 피할 수 있지 않을까? 대진인은 이런 지혜를 말한 것이다.

자유 정신

니힐리스트의 생각도 대진인의 생각과 크게 다르지 않다. 니힐리스트는 인간이 마땅히 따라야 할 그 어떤 삶의 이유나 목적도 없다고 생각한다. 이런 니힐리스트에게는 절대적 가치를 지닌 것이란 있을 수 없다. 그러나 니힐리스트가 가치 자체를 부정하고, 아무런 가치도 추구하지 않는 것은 아니다. 니힐리스트는 세상만사의 가치를 스스로 정하고, 자신의 삶을 창조하는 사람이다. 하지만 니힐리스트는 자신이 부여한 가치가 절대적 가치를 지닌다고 생각하지는 않는다. 만약 니힐리스트가 절대적 가치를 추구한다면, 이는 니힐리스트임을 포기한 것이다. 만약 절대적 가치를 지닌 것이 있다면, 이것이 인간의 삶을 지배하고, 모든 인간은 여기에 복종해야 하기 때문이다.

이런 점에서 니체가 생각한 니힐리스트는 '자유 정신'의 소유자다. 자유 정신은 절대적 진리도 없고, 영원한 사실도 없다는 가정에서 출발한다. 자유 정신은 어떤 것도 절대시하지 않고, 그 어떤 절대적인 것에도 사로잡히지 않는 자유로움을 추구한다. 그리고 자유 정신은 이런 자유로움을 통해 비록 자신의 신념이라 할지라도 그것의 노예가 되지 않는다. 니체는 자유 정신을 뱀이 주기적으로 껍질을 벗고 새 껍질을 얻는 '탈피'에 비유한다. 탈피하지 못하는 뱀이 죽을 수밖에 없듯이, 자신의 신념을 바꾸지 못하는 인간의 정신 역시 죽을 수밖에 없다는 것이다. 그래서 니체는 여러 가지 신념을 가져 본 적이 없는 사람, 최초의 신념에만 집착하는 사람, 자신의 신념을 절대로 바꾸지 못하는 사람은 '낙오된 문화'의 대표자라고 말한다.

니힐리스트는 세상만사의 가치를 스스로 정하고, 자신의 삶을 창조하는 사람이며, 이를 위해서는 삶을 긍정하고, 삶에 대한 자기 지배를 강화할 수 있어야 한다. 그런데 사람에 따라 처한 상황이 다르다. 그렇기에 무엇이 삶에 대한 자기 지배를 강화할 수 있는지도 사람에 따라 다르다. 그리고 각 개인의 삶의 조건 역시 변한다. 따라서 한 개인의 상황에서도 절대적 가치를 지닌 것이란 없다. 신념의 변화를 흡사 허위에서 진리로 발전하는 것으로 보는 사람도 있지만, 니체는 신념의 변화란 개인의 삶이 변하면서 생긴 불가피한 결과로 본다.

이렇게 절대적 진리도, 절대적 가치도 없다고 생각하면 사람들은 자신의 신념에 대해서도 항상 틀릴 수 있고, 바뀔 수 있다고 생각한다. 그리고 이런 사람들은 서로의 신념에 대해서도 겸손한 태도를 보인다. 그러나 인류의 역사를 보면 그렇지 않다. 인류 역사에서 일어난 수많은 대립, 갈등, 전쟁 등은 개인이나 집단이 자신의 신념이나 자신이 정한 가치를 절대화할 때 발생했다. 사람들은 자신이 절대적 가치를 부여한 것이라면, 이를 얻고, 지키기 위해 그 어떤 희생도 불사하기 때문이다. 이런 점에서 니체는 자신이 생각하는 가치를 절대화하는 자만심이 인류 역사가 포악해진 원인이라고 말한다.

돈, 학벌, 지위, 외모

그렇다면 사람들이 니힐리스트처럼 자기 창조적 삶을 살고, 니힐리스트처럼 자유 정신의 소유자라면, 인간 사회는 어떻게 될까? 한마디로 각인각색의 사회, 개인의 무한한 가능성이 발휘되는 사회라고 할 수 있다. 사람마다 세상만사에 부여한 가치가 다르다면, 사람마다 추구하는 인생의 목표가 다르다. 그리고 한 사람의 인생에서도 삶의 조건이 변화함에 따라 인생의 목표도 변한다. 인간의 삶이 따라야 할 절대적 이유나 목표가 존재하지 않는다면, 다양한 삶이 가능하고, 각 개인은 자신의 무한한 잠재력을 발산하며 마음껏 자기 자신을 창조할 수 있다. 그리고 이렇게 각 개인의 삶의 조건이 다르듯, 각자가 추구하는 목표가 달라지고, 각자가 창조한 삶의 모습이 달라지면, 이제 각 개인은 타인과 구별되는 고유성을 가진 존재가 된다. 다시 말해 그 누구와 비교될 수도, 그 누가 대체할 수도 없는 유일무이한 존재가 된다. 이게 각인각색의 사회이고 개인의 무한한 가능성이 발휘되는 사회이다.

그렇다면 오늘날 우리 사회는 어떨까? 그 어떤 절대적 가치도 존재하지 않기에 누구나 세상만사의 가치를 스스로 정하고, 자신의 삶을 창조하며 살고 있을까? 아니면 우주의 눈으로 보면 티끌만큼 사소한 것을 두고 마치 절대적 가치라도 있는 양 달팽이 뿔 위에서 싸우고 있을까? 사실 우리 사회에서는 사람마다 가치를 부여한 것이 다르고, 삶의 목표가 다양하다기보다는 사람들이 추구하는 바가 돈, 학벌, 사회적 지위, 외모 등 몇 가지 가치에 편중되어 있다. 더구나 사람들은 단순히 이런 것을 얻는 데 목적이 있는 것이 아니라, 남보다 더 많은 돈, 더 좋은 학벌, 더 높은 지위, 더 출중한 외모를 원한다. 그렇기에 우리 사회에서는 이를 둘러싼 경쟁이 극심하다.

물론 사람들이 가치를 부여한 것이 돈, 학벌, 사회적 지위, 외모에만 있는 것은 아니다. 사람들은 여기에 더해 명예, 건강, 사랑, 종교적 구원 등에도 가치를 부여하며 이를 얻으려고 한다. 그런데 중요한 것은 이런 다양한 가치를 성취하는 방법이 점차 한 가지를 얻는 것으로 수렴되고 있다는 점이다. 사람들이 원하는 것 중 어느 하나는 그것만 가지면 다른 모든 것도 가질 수 있는 그런 것이 있다. 따라서 사람들은 이 하나만을 얻기 위해 타인과 경쟁한다. 그리고 이 하나만 얻으면 놀랍게도 다른 모든 것도 얻는 마법이 일어난다.

왈처의 지배적 재화

미국의 현대철학자 마이클 왈처는 이런 것을 '지배적 재화'라고 부른다. 왈처에 따르면 사회에는 사람들이 일반적으로 가치를 부여하고 원하는 것이 있다. 나만 원하는 것이 아니라, 다른 사람도 원하는 것이 있다는 것이다. 왈처는 이를 '사회적 재화'라고 부른다. 이 사회적 재화가 무엇인지는 사회마다 편차가 있다. 미국이나 우리 사회를 보면 앞서 지적했듯이 돈, 학벌, 사회적 지위, 외모, 명예, 건강, 사랑, 구원 등이 중요한 사회적 재화이다. 그런데 사회적 재화 중에는 지배적 재화가 있다. 즉 사회적 재화 중의 어떤 것은 그것만 가지면 다른 사회적 재화를 쉽게 얻을 수 있으며, 이 때문에 여타의 사회적 재화에 대해 지배적 위치에 있는 재화가 있다. 그리고 이러한 사회적 재화를 독점한 사람이 있다면, 그 사람은 한 사회의 지배층이 된다. 이런 점에서 왈처는 이런 사회적 재화를 지배적 재화라고 이름 붙였다.

왈처는 시대에 따라 지배적 재화가 다르다고 말한다. 과거 신분 사회에서는 혈통이 지배적 재화였다. 혈통만 좋으면 부, 권력, 명예가 자연히 따라온다. 이를 통해 건강을 유지하고 자신이 원하는 사람과 사랑하고 결혼도 한다. 혈통이 좋은 사람이 신분 사회에서는 지배층이고, 종교로부터도 보호를 받는다. 그런데 왈처는 과거 신분 사회와 마찬가지로 현대사회에도 지배적 재화가 있다고 본다. 물론 혈통이 지배적 재화라는 것은 아니다. 왈처가 생각한 것은 돈이다. 현대사회에서는 돈만 있으면 여타의 사회적 재화들도 얻을 수 있고, 한 사회의 지배층이 된다는 것이다.

과연 그럴까? 미국 사회는 둘째치고 우리 사회를 보자. 돈이 많으면 당연히 물질적으로 풍요하게 산다. 그런데 이것만이 아니다. 돈이 많으면 교육에도 많은 투자를 할 수 있다. 따라서 돈은 좋은 학벌로 이어진다. 학벌이 좋으면, 사람들이 선호하는 직장을 얻고, 남보다 빨리 승진하고, 남보다 높은 사회적 지위에 이른다. 돈이 많으면 건강과 외모에 많은 투자를 할 수 있고, 사회에 공헌해 명예를 얻을 방법도 많다. 그렇다면 돈이 종교적 구원으로도 이어질까? 성경에는 부자가 천국에 가는 것은 낙타가 바늘구멍 통과하기보다 어렵다고 했다. 그러나 과거 어느 유명 목사님은 구원이 헌금에 비례한다고 말해 물의를 빚은 적도 있다. 교회를 지을 때 많은 건축 헌금을 낸다. 불교 행사인 석가탄신일 때 많은 돈은 들여 대웅전 불상 앞에 자기 이름의 연등을 건다. 그러면 뭔가 구원받은 느낌이 들지 않을까? 돈은 또한 사랑으로 이어질 수 있다. 돈으로도 살 수 없는 게 사람의 마음이라지만, 연애하고 결혼할 때 상대방이 돈이 엄청나게 많으면 없던 호감도 생길지 모른다. 더구나 상대방이 돈을 통해 학벌, 사회적 지위, 건강, 외모, 명예까지 다 갖추었다면 어떻게 될까?

이렇게 돈만 있다면, 여타의 사회적 재화까지도 얻을 수 있지만, 돈이 없는 사람은 어떻게 될까? 돈이 없으면 사람들은 자신이 원하는 사회적 재화 중 그 어떤 것도 얻기가 힘들다. 따라서 사람들은 돈만 있으면 모든 것을 할 수 있다고 믿는다. 어느덧 돈은 전지전능한 존재가 되었다. 사람들은 지배적 재화인 돈을 벌기 위해 삶과 죽음을 건 무한 경쟁에 돌입한다. 이런 점에서 사람들은 현대사회를 금전만능 사회라고 부른다. 이제 사람들은 돈을 숭배하고, 돈의 노예가 된다. 그리고 결국에 가서는 돈이 절대적 가치를 지닌 존재가 됨은 물론 전지전능한 신의 자리를 차지하게 된다. 즉 돈이 신이 된다.

돈이 신이 된 사회

이렇게 돈이 신이 된 사회에서는 신의 대리자를 자처한 성직자들이 권력을 행사하듯이, 돈을 소유한 사람이 지배자가 된다. 사람들이 이들에게 복종하지 않으면, 돈을 벌 수 없고, 돈을 벌지 못하면 살기 어려울 뿐만 아니라, 다른 사회적 재화도 얻을 수 없기 때문이다. 간단히 말해 이제 돈 없는 자가 돈 많은 자에게 복종하지 않으면 살 수조차 없다. 따라서 돈 많은 사람은, 신이 인간에 대해 최후의 심판을 내리듯, 돈 없는 사람들의 생사를 결정하는 지배자가 된다.

그런데 사실 돈이라는 지배적 재화를 확보하기 위한 무한 경쟁에서 누가 이길 것인지는 이미 정해져 있다. 부모의 투자가 자녀의 학벌, 건강, 외모까지 결정하고, 이를 기반으로 자녀가 높은 사회적 지위에 올라 다시 부를 축적하게 된다면, 결국 부모의 재산이 경쟁에서의 승패를 결정한다. 이렇게 되면 경쟁이란 부모의 재산과 사회적 지배력을 고스란히 자녀에게 대물림하는 사회적 장치로 전락한다. 그리고 이 대물림이 지속하면 우리 사회는 어느덧 돈이 있어서 지배층이 된 사람과 돈이 없어 피지배층이 된 사람으로 양분된 새로운 신분 사회로 탈바꿈한다.

도대체 왜 우리는 세상만사의 가치를 스스로 정하고, 자기 창조적 삶을 사는 대신 돈에 절대적 가치를 부여하고, 신처럼 숭배하면서 이것의 노예가 된 것일까? 돈이란 인간이 만들어 낸 것이고, 생계를 위해 필요한 수단에 불과할 텐데, 우리는 왜 돈을 삶의 목표로 삼아 반대로 돈의 지배를 당하고 있을까? 우주의 눈으로 볼 때돈이 그렇게 절대적인 것일까? 이런 질문은 돈이 많든적든 돈을 지배적 재화로 만든 사람 모두에게 해당한다. 이들은 돈의 관점에서 세상을 보고 돈의 관점에서자신의 삶을 영위한다는 점에서 차이가 없다. 이들 모두에게 삶의 주인은 자신이 아니라 돈이다. 따라서 이들 모두에게는 세상만사의 가치를 스스로 정하고, 자신의 삶을 창조하는 니힐리스트의 삶은 불가능하다. 그렇다면 이제 니힐리스트는 니체가 신의 죽음을 선포했듯이, 자기 삶의 주인이 되기 위해서 돈이라는 새로운 신의 죽음을 선포해야 하는 것 아닌가?

이런 신, 돈의 죽음을 선포할 방법이 없는 것도 아니다. 돈이 다른 사회적 재화로 연결될 수 있는 고리를 끊어버린다면 돈은 무력화된다. 국가가 무상으로 실시하는 공교육을 강화하면 돈과 학벌의 연결고리는 끊어진다. 시험과 성적을 통한 특목고 선발을 없애고, 대학을 평준화하면 돈이 학벌에 침투하기 어렵다. 부모 찬스나 학벌이 아니라, 개인의 능력을 우선시한다면 돈과 사회적 지위와의 연결고리도 끊어진다. 돈이 많으면 건강할 수 있지만, 건강보험 급여 대상이 확대되면 돈과 건강의 연결고리도 끊긴다. 명예 역시 많은 돈을 기부한 사람이 아니라, 사회를 위해 헌신한 사람에게 부여된다면, 돈과 명예의 연결고리도 끊긴다. 돈으로 사랑을 산다든지, 돈으로 구원을 얻는다는 것은 사실 눈속임일 뿐 가당치도 않은 일이다.

이렇게 본다면 돈을 무력화하는 것이 불가능한 것도 아닌데, 돈의 죽음을 선포하지 못하는 이유는 무엇일까? 혹여 사람들이 비록 신처럼 어떤 절대적인 것을 원하기 때문은 아닐까?

돈이 신이 된 사회에서는 돈을 소유한 사람이 지배자가 된다.

제2장

니체적인, 너무나 니체적인

〈라비앙로즈 La vie en rose: 장밋빛 인생〉. 이 노래는 에디트 피아프(1915-1963)가 가사를 썼고, 그녀가 직접 부른 노래다. 너무도 가난했던 부모. 피아프는 매춘업을 하던 할머니에게 맡겨졌고, 어린 시절을 사창가에서 보냈다. 가난으로 인한 영양실조에 시력마저 잃을 뻔했던 그녀. 술, 마약, 교통사고. 피아프는 47세의 나이로 요절했다. 그러나 2차대전 후 샹송을 전 세계에 알렸던 프랑스의 대표적 국민가수. 그녀가 '장밋빛 인생'을 노래했다. 장밋빛 인생이란 말 그대로 인생이 아름답다는 뜻이다. 인생을 아름답다고 찬미한 것이 어디 노래뿐이랴. 제목 자체가 〈인생은 아름다워〉인 영화는 한두 편이 아니다. 인생은 그만큼 아름답고, 장밋빛일까?

쇼펜하우어

지독한 염세주의자가 있었다. 독일 철학자 쇼펜하우어 (1788-1860). 그는 부유한 은행가의 아들로 태어나 대학에서 박사 학위까지 취득했다. 그리고 교수는 아니었지만, 대학에서 강의도 하고, 저술도 하며, 아버지 유산 덕에 평생을 생계 걱정 없이, 누구의 비위도 맞추지 않고, 자유롭게 살았다. 그리고 그는 말년에 문필가로서 이름도 남겼다. 그런데 그가 인생의 본질은 고통이라고 말한다. 인생은 그 어떤 외부의 영향 때문이 아니라, 그 자체가 고통으로 가득 차 있다는 것이다.

쇼펜하우어에 따르면, 인간에게는 살고자 하는 맹목적 의지가 있다. 그 어떤 목적을 위해 살려는 것이 아니다. 사는 것 자체가 목적이다. 그렇기에 인간은 자신의 삶을 위해서는 이 세계가 멸망해도 좋다는 극단적 이기심마저 보인다. 따라서 인간은 홉스가 말하는 '만인에 대한 만인의 투쟁' 상태에 빠질 수밖에 없다. 그리고 이 때문에 인간은 끝없는 고통에 시달린다. 그런데 살고

자 하는 맹목적 의지는 결코 충족될 수 없다. 그것은 끊임없이 새로운 욕망을 낳는 원동력이기 때문이다. 하지만 이런 욕망이 없다면, 인간은 죽은 것이나 마찬가지이다. 바로 여기에 문제가 있다. 욕망이 충족되면 만족감을 느끼지만, 이는 곧 무료함으로 변질된다. 그러나 욕망을 충족하지 못하면 결핍감으로 고통받는다. 따라서 인간의 삶은 고통과 무료함의 반복일 뿐이다. 흡사 쳇바퀴를 돌리듯, 마치 밑 빠진 독에 물 붓듯이. 인간의 삶이 이렇다면, 인생이 아름답기는 어렵다. 그리고 인생을 이렇게 생각하는 사람이 있다면, 그가 진정으로 원하는 것은 아마도 이러한 욕망과 고통의 사슬에서 벗어나는 것뿐이다.

아모르파티

니힐리스트에게 인생이란 아름다울까? 고통뿐일까? 니힐리스트는 어떻게 인생을 살까? 나에게 니힐리즘이란 말을 알려준 니체는 많은 글을 썼고, 많은 생각을 남겼다. 나는 니체 전집을 다 읽어보지는 않았지만, 니체의 사상을 처음 접했을 때부터 나의 마음속에 각인된

한마디 말이 있었다. 나는 이 말을 통해 니체적으로 사고하고, 니체적으로 세상을 본다는 것이 무엇인지 알 수 있었다. 니체의 저서 「인간적인, 너무나 인간적인」이라는 책 제목을 빌자면, 나는 이 말이 '니체적인, 너무나 니체적인 것'이라고 평가하고 싶다. 그것은 '아모르 파티'다.

아모르 파티(amor fati)는 우리말로 '운명 애'로 번역된다. 말뜻만 보면 아모르 파티는 운명을 사랑한다는 뜻이다. 이 운명이 앞으로 무엇을 하게 될지 인생의 과정마저 정해져 있다는 걸 뜻하지는 않는다. 니체는 이 세상이 존재하는 데 아무런 이유도 목적도 없고, 인간의 삶이 따라야 할 그 어떤 이유도 목적도 없다고 생각한다. 이것이 바로 니체가 말하는 인간에게 닥친 운명이다. 그러나 그는 이런 운명에 절망하거나 낙담하지 말고, 있는 그대로 긍정하라고 말한다. 그리고 이제 삶의 이유와 목적을 스스로 창조하는 자기 창조적 삶을 살라고 말한다. 따라서 운명을 사랑하라는 것은, 이 세계와 삶의 무의미함 속에서 자기 자신을 창조하는 니힐리스트의 삶을 받아들이라는 뜻이다.

그런데 이 세계와 삶을 무의미하게 보는 니힐리스트에

게 니체는 왜 자기 창조적 삶을 살라고 말할까? 니체는 쇼펜하우어와 마찬가지로 인간에겐 누구나 '삶의 의지', 즉 살려는 의지가 있다고 본다. 이 세상에 태어난 사람치고 살지 않고, 죽으려는 사람도 있을까? 물론 사는 것이 고통스러운 사람도 있고, 그래서 삶을 포기하는 사람도 있다. 그러나 이런 사람에게도 삶의 의지가 있음을 부정할 수는 없다. 이 사람은 삶의 의지가 없는 게 아니라, 삶의 의지를 실현하는 데 실패한 것이다.

힘에의 의지

이렇듯 인간에게 삶의 의지가 있다고 하더라도, 이 의지는 제대로 실현될 수도, 그렇지 못할 수도 있다. 따라서 인간에게는 삶의 의지만이 아니라, 이를 실현할 능력이 필요하다. 이런 점에서 니체는 삶의 의지만을 강조한 것이 아니라, '힘에의 의지'를 말한다. 니체는 인간이 삶의 의지를 실현하기 위해서는 힘이 필요하다는 점에서, 살려고 하는 것과 힘을 가지려고 하는 것을 같은 것으로 본다. 니체가 말하는 '힘'은 단순히 신체적 힘이나, 정치적 권력, 혹은 경제력이 아니다. 그에게 힘이란 일종의 '자기 지배'의 능력이다. 내가 그 무엇에도 종속되거나 지배당하지 않고, 내가 나의 삶을 통제하며, 나의 삶의 주인이 될 수 있는 능력, 그것이 힘이다.

그렇다면 삶의 의지를 실현하기 위해서는 왜 다름 아닌 삶의 주인이 되어야 할까? 내가 나의 삶의 주인이 아니라면, 나는 삶의 의지를 실현하기 어렵기 때문일까? 사실 내가 나의 삶의 주인이 아니라면, 나의 삶은 나 외의 그 무엇에 의해 조정되고, 지배당한다는 것이나 마찬가지이다. 그것이 돈이라면 나는 돈의 노예이고, 그것이 권력이라면 나는 권력의 노예이며, 그것이 나 아닌 타인이라면, 나는 나의 삶을 위해 존재하는 것이 아니라, 타인의 삶을 위해 존재하는 노예이다.

이런 점에서 니체는 삶의 의지 실현을 위해 인간이 자기 삶의 주인이 되어야 함을 주장한다. 이는 동시에 자기 창조적 삶을 산다는 뜻이다. 왜 그럴까? 동물들에게 삶이란 생존, 즉 생명 연장 현상을 말한다. 동물은 배고프면 먹고, 졸리면 자고, 생식 욕구를 느끼면 짝짓기를 한다. 동물은 본능적 욕구 충족을 위해 살고, 본능적 욕구 충족을 통해 생존한다. 따라서 동물은 본능에 따라 살고, 본능에 종속된 삶을 산다고 말할 수 있다. 그렇기에 동물의 생존 방식은 천 년, 만 년 전이나, 지금이나 매한가지이다.

하지만 인간은 다르다. 인간도 신체를 갖고 있기에 생로병사를 겪는 것은 동물과 같지만, 삶의 방식은 동물과 다르다. 그 이유는 인간은 자신이 죽는다는 사실을 알고 있기 때문이다. 인간은 살려고 하지만, 동시에 자신이 죽는다는 모순적인 상황을 안다. 그렇기에 인간은 어차피 죽을 것, 왜 사느냐를 고민한다. 따라서 인간에게는 삶의 이유나 목적이 문제된다. 아무런 이유나 목적이 없다면, 인간은 그저 본능적 욕구에 따라 산다. 그러나 모든 인간이 따라야 할 삶의 이유나 목적이 있다면, 인간은 삶의 고민을 해결할 수 있다. 하지만 이렇게 되면 인간은 자기 삶의 주인이 아니다. 누군가가 만들어 놓은 삶의 이유나 목적에 종속되어 사는 것이나 마찬가지이기 때문이다.

자기 창조적 삶

그렇다면 인간이 자기 삶의 주인이 되면서도, 삶의 의미와 목적에 대한 질문에 답할 수 있는 방식은 무엇일까? 그것이 바로 자기 스스로 삶의 의미와 목적을 만드는 자기 창조적 삶이다. 그런데 만약 누군가 자기 창조란 이렇게 하는 것이라고 말한다면, 이것은 자기 창조일 수 없다. 창조란 그 방법마저도 창조하는 것이기 때문이다. 이런 점에서 자기 창조가 무슨 뜻인지 그 방법을 통해 설명할 수는 없다. 다만 말의 뜻을 풀어보면 자기 창조란 인간이 무한한 삶의 가능성을 실현하는 것이라 볼 수 있다. 인간이 따라야 할, 내가 정하지 않은 그 어떤 삶의 이유나 목적도 없다면, 내가 어떻게 사는가는 무한한 가능성의 영역이기 때문이다.

니체는 그의 저서 「반시대적 고찰」에서 인생을 강을 건너는 다리에 비유한 적이 있다. 당신이 건너는 인생의 다리는 당신을 제외하곤 아무도 건널 수 없는 그런 다리라는 것이다. 그리고 누군가의 등에 업혀 강을 건넌다든지, 다른 사람의 다리를 건넌다면, 당신은 그것의 인질이 되어 당신의 삶을 희생시킬 수밖에 없다고 말한다. 따라서 자기 창조적 삶을 산다는 것은 누구도 건널 수 없는 나만의 다리를 만드는 작업이나 마찬가지이다. 니체는 여기에 덧붙여 흥미로운 조언을 한다. 어떻게 나만의 방식으로 내 인생을 창조할까? 나만의 방식은 어떻게 만들어질까?

니체는 여러분이 진정으로 좋아하던 것, 여러분을 정말
로 행복하게 한 것, 여러분이 진심으로 존경한 사람 등
을 여러분 자신 앞에 늘어놓고, 여러분 자신도 어떻게
이런 것을 실현할지, 어떻게 이런 사람이 될지 궁리하
라고 말한다. 이것이 바로 나의 방식을 만들어가는 길
이다. 만약 여러분이 이렇게 자기 창조적 삶을 산다면,
여러분 개인의 삶은 그 누구의 삶과도 비교할 수 없는
유일무이한 가치를 지니게 된다. 누구나 따라야 할 삶
의 이유나 목적이 있다면, 이를 기준으로 개인의 삶을
비교할 수 있겠지만, 이런 것이 없다면, 개개인의 삶을
비교할 척도 자체가 있을 수 없기 때문이다. 이런 점에
서 자기 창조적 삶은 여러분 자신이 그 누구에 의해서
도 대체될 수 없는 고유한 존재로서 존엄성을 갖는 길
이다.

죽음의 설교자들

그런데 지금까지의 서구 문화를 보면, 삶의 의지를 긍
정하는 것이 아니라, 삶의 의지를 부정하는 가치들이
삶의 이유와 목적으로 추앙되면서 인간에게 죽음을 설

교했다는 것이 니체의 진단이다. 이런 맥락에서 니체는 그의 저서 「차라투스트라는 이렇게 말했다」에서 '영원한 삶'을 주장하는 '죽음의 설교자'들에 대해 분노한다. 이들이 말하는 영원한 삶은 현재 이 세계에서의 삶이 아니라, 이 세계와는 다른 세계에서의 삶을 말한다. 예를 들자면, 고대 그리스 철학자 플라톤은 세계를 둘로 나눈다. 하나는 끊임없이 생성, 변화, 소멸이 일어나는 세계이고, 다른 하나는 영원불멸의 세계이다. 플라톤은 첫 번째 세계를 현상 세계로, 두 번째 세계를 이데아 세계라고 명명하면서, 두 번째 세계를 참된 세계로 보았다. 그럼 우리가 사는 세계는 어디인가? 우리가 사는 세계는 생성, 변화, 소멸이 일어나는 세계이고, 따라서 플라톤에 따르면 이 세계는 참된 세계가 아니라, 참된 세계의 그림자와 같은 가짜 세계이다.

기독교 성직자들도 세계를 둘로 나누기는 마찬가지다. 현재 우리가 사는 세계가 현세이고, 우리가 죽으면 내세로 간다. 현세에서의 삶은 유한하고 고통스럽지만, 내세에서의 삶은 영원하다. 그러나 내세는 다시 천국과 지옥으로 나누어지기에 인간은 신이 내리는 최후의 심판에 따라 영원한 행복의 삶을 살수도, 영원한 고통의 삶을 살 수도 있다. 따라서 최후의 심판 후 천국으로 가기 위해서는 성직자들이 말하는 신앙인의 삶을 살아야 한다.

이렇게 세계를 둘로 나눌 뿐만 아니라, 우리가 사는 세계를 평가절하면서 이를 가짜 세계로 본다든지, 현세를 내세로 가는 임시적인 정거장에 불과한 것으로 본다면, 이 세계에서의 삶에 가치를 부여할 수 있을까? 더구나 이 세계에서 살려는 삶의 의지나 힘에의 의지를 긍정할 수 있을까? 우리가 사는 세계가 가짜라면, 이 세계에서의 삶도 가짜이며, 살려고 하는 의지 역시 헛된 것에 불과하다.

어떻게 보면 플라톤이나 기독교 성직자들의 설교는 인간에게 절실히 필요했을지도 모른다. 어차피 죽을 것인데 왜 살지? 이런 질문에 아무런 답도 내릴 수 없다면, 인간이 아무리 삶의 의지를 갖고 있다고 하더라도, 삶의 이유나 목적을 찾을 수 없다. 따라서 인간이 삶의 이유나 목적을 찾기 위해서는 죽음의 설교자들이 말하는 참된 세계나 천국이 필요하다. 그러나 반대로 이는 삶을 부정하는 것과 같다. 참된 세계나 천국에 관한 이야기는 현재 인간의 삶을 긍정하는 것이 아니라 평가절하하는 것이기 때문이고, 삶의 주인이 되라는 것이 아니라, 죽음의 설교자들에게 순종하라고 말하기 때문이다.

이렇게 인간이 살면서도 삶을 부정하는 자기모순에서 벗어날 수 길은 무엇일까? 그것이 바로 아모르 파티, 즉 이 세계와 삶의 허무함을 긍정하는 데서 시작한 자기 창조적 삶이다. 그러나 아모르 파티가 결코 쉬운 일은 아니다. 니힐리즘에서 출발한 자기 창조적 삶은 지금까지 사람들이 절대적 가치를 부여한 모든 것을 부정할 수밖에 없으며, 이 절대적 가치에 대한 복종이 주는 안도감을 거부하고, 영원한 세계의 유혹마저 떨쳐버릴 때 가능하기 때문이다. 그러나 이러한 길에서 인간은 자신의 삶을 긍정하고, 무한한 삶의 가능성을 해방하며, 자기 삶의 주인이 될 뿐만 아니라, 누구도 대신할 수도 누구와 비교될 수도 없는 유일무이한 존재로 거듭난다. 이런 점에서 니체는 「이 사람을 보라」에서 아모르 파티가 '인간의 위대함'이 발휘되는 공식이라고 말한다.

제3장

고귀한 자,
주인 된 자,
자기를 넘어서려는 자

우리는 어떤 사람이 되길 원할까? 직업이나 사회적 지위가 아니라, 어떤 성격의 사람이 되길 원할까? 착한 사람, 다정한 사람, 당당한 사람, 웃긴 사람? 아니면 나쁜 사람, 냉정한 사람, 교만한 사람, 무뚝뚝한 사람? 과거에는 혈액형이나 별자리를 가지고 그 사람이 어떤 사람인지 구별하기도 했다. 최근에는 MBTI로 개개인이 어떤 사람인지를 파악하는 것이 유행이다.

MBTI (Mayers-Briggs Type Indicator)는 모녀지간인 캐서린 쿡 브릭스와 이사벨 브릭스 마이어스가 자신들의 이름을 따서 명명한 성격 검사지라고 한다. 이들은 효율적 업무배당을 위해 개인의 특성을 분류하려고 했지만, 이들은 심리학 전문가가 아니었다. 그렇기에 이들은 기존의 심리학적 연구들을 자의적으로 조합하여 성격 검사지를 만들었다고 한다.

고귀한 자

니체는 인간을 고귀한 자와 비천한 자로 구분한다. 니체가 인간을 두 가지 부류로 나눈 것은 니힐리스트가 바로 고귀한 사람임을 강조하기 위해서다. 그리고 이를 통해 니체는 말한다. 비천한 자가 아니라, 고귀한 자, 즉 니힐리스트로 살라고. 그렇다면 고귀한 사람은 어떤 사람이고, 니힐리스트는 왜 비천한 사람이 아니라, 고귀한 사람일까?

니체는 고귀함을 귀족의 특징이라고 보고, 과거의 문헌들에서 귀족이 높게 평가한 특징들을 나열한다. 먼저 외향적으로 보면 귀족은 강한 체력, 생기 넘치는 건강,

자유롭고, 진취적이며, 모험적이고 쾌활함을 미덕으로 삼는다. 그리고 내향적으로 보면 귀족은 자신감, 자존감, 자긍심 등 적극적 자기 긍정과 독립심, 타인과 구별되는 자신의 고유성을 중시하며, 이를 지키기 위해서라면 싸움이나 전쟁도 마다하지 않는다.

이런 특징 때문에 귀족은 결국 자기 자신에 대한 강한 긍정 하에 자기 자신을 창조하면서, 이 세상사의 가치를 스스로 정하려는 주권적 태도를 보인다. 니체는 이런 사람을 가리켜 자기 인생에 주인 된 자라고 규정한다. 물론 귀족이 이렇게 행동한 것은 그가 한 사회에서는 지배층이요, 노예에 대해서는 주인이기 때문이다. 지배층이나 주인은 명령하는 자이지 복종하는 자가 아니다. 그리고 명령하는 자는 스스로 세상사의 가치를 정해야 할 뿐만 아니라, 자기 인생 역시 스스로 정해야 한다.

자기 인생의 주권자

그런데 만약 사람들이 따르는 일반적 가치 기준이 정해져 있고, 귀족 역시 이에 복종해야 한다면, 귀족은 지배자도, 명령자도 아니다. 그리고 정해진 가치 기준에 복종한다면, 자기 삶의 진정한 창조자가 될 수도 없다. 이런 점에서 자기 인생의 주인 된 자는 모든 판단에 있어서 그 기준 역시 스스로 만들어야 한다. 주인 된 자는 기존 가치에 복종하는 자가 아니라, 가치를 창조하는 자이기 때문이다.

물론 가치를 창조하더라도 아무렇게 하는 것은 아니다. 인간은 자신이 의식하지 못한 내적 욕망이나 충동, 혹은 외적 영향의 무의식적 노예가 되기 쉽다. 이런 점에서 니체는 '힘에의 의지'를 말한다. 다시 말해 힘에의 의지를 통해 가치 창조가 이루어져야 한다는 것이다. 니체가 말하는 힘은 단순히 신체적 힘이나, 정치적 권력, 경제력 등을 말하는 것이 아니다. 니체가 말하는 힘은 자기 자신에 대한 지배력이다. 따라서 니체는 인간이 자기 인생에 대한 지배력을 높이고, 또한 자기 인생의 주권자가 되는 것이 모든 가치 창조의 기준이자 목표라고 본다.

이는 당연한 논리이다. 내가 내 인생의 주인이 되려면, 내가 나를 지배할 힘이 있어야 하고, 내가 나를 지배하기 위해서는 동시에 그 무엇에도 휘둘리지 않을 힘을 가져야 하기 때문이다. 이런 점에서 내 삶의 주인이 된다는 것은 내가 나를 지배할 힘을 갖는다는 것과 같은 뜻이며, 그렇기에 고귀한 자는 현재의 자기 자신을 고착화하고, 자기 자신에게조차 사로잡혀 사는 것이 아니라, 끊임없이 자기를 넘어서려고 한다. 따라서 자기 인생에서 주인 된 자는 동시에 현재의 자기를 넘어서려는 자이기도 하다. 이렇게 본다면 니체가 말하는 고귀함이란 자기 삶의 주인 된 자, 자기를 넘어서려는 자에게 느낄 수 있는 어떤 존엄함이나 외경심을 표현한 말인 것 같다.

비천함

그런데 니체가 자기 인생의 주인 된 자를 높이 평가한다는 것은 반대로 그렇지 못한 사람을 가정하고 있기 때문이다. 니체가 말하는 고귀함이란 그 반대인 비천함을 전제하고 있고, 귀족과 반대되는 노예를 전제한다. 그렇다면 비천함으로 규정할 수 있는 노예의 특징은 무엇일까? 니체에 따르면 비천함의 핵심은 귀족의 특성에 대한 반작용에 있다. 노예는 자신의 동기에 따라 능동적으로 행동하는 자가 아니라, 주인의 명령에 따라 행동하는 수동적 존재이다. 따라서 이들의 특성은 주인의 태도에 대해 어떻게 반응하는가를 통해 결정된다.

그런데 주인의 지배하에 놓인 노예에게 가장 중요한 것은 어떻게 하면 주인으로부터 고통을 덜 당할까 하는 것이다. 그렇기에 노예는 항상 타인으로부터의 안전과 자기 보호에 모든 관심을 집중할 수밖에 없고, 누가 자신에게 해를 끼치는 적인가를 알아채는 데 모든 노력을 기울인다. 이런 노예는 주인 된 자들의 자기 창조적 삶에 대해 반감을 품을 수밖에 없다. 이런 행동은 자신에게 어떤 해악을 끼칠지, 자신의 삶에 어떤 어려움을 안겨줄지 가늠조차 할 수 없기 때문이다. 따라서 노예는 자기를 긍정하며 자신의 독립성과 고유성을 강화하는 것이 아니라, 이런 행동을 하는 타인에 두려움을 느끼고 이들에게 저항하고, 이들을 부정하려고 한다. 그러나 노예는 저항할 힘이 없다. 따라서 노예는 마음으로 저항하며, 이것이 원한과 복수심을 낳는다.

이렇게 본다면 노예에게서 발견할 수 있는 특징은 타인으로부터의 안전과 자기 보호, 자기 창조적 삶에 대한 거부, 타인을 향한 적대감, 원한, 복수심 등 타인에 대한 부정적 태도이다. 그렇다면 노예는 반대로 사람들이 어떻게 행동하기를 원할까? 니체는 노예에게 무리 본능이 있다고 본다. 노예는 독립적 존재로서 남들과 구별되는 자신의 고유성을 강화하기보다, 자신의 안전을 위해 남들과 구별되지 않는 무리를 형성하길 원한다는 것이다. 그리고 이런 무리 본능은 니체가 말하는 저 유명한 노예 도덕을 통해 뒷받침된다. 노예는 자신의 안전을 위협하고 고통을 주는 사람에게 마음으로 복수하기 위해 그들의 특징을 '악'이라고 규정하고, 자신의 안전을 보장해 줄 수 있는 행동, 즉 겸손, 자기희생, 이웃사랑, 이타심, 평등, 평화 등을 '선'이라고 말하기 시작했다. 이것이 바로 니체가 말하는 노예 도덕이며, 노예 도덕이 실현된다면, 사람들은 서로 구별되지 않고 하나가 될 수 있다. 노예 도덕은 자기희생을 강조함으로써 자신의 고유성을 부정하고, 이타심이나 이웃사랑을 강조함으로써 독립성보다는 의존성을 고취하기 때문이다.

주인 도덕과 노예 도덕

따라서 인간을 귀족과 노예를 구분하듯 인간의 특성을 고귀함과 비천함으로, 그리고 도덕 역시 주인 도덕과 노예 도덕으로 구분할 수 있다. 니체는 도덕을 신의 명령이나, 인간이 마땅히 따라야 할 자연의 섭리, 혹은 이성의 원칙 같은 것으로 보지 않는다. 그에게 도덕이란 인간의 생존 조건에 따른 가치 평가 같은 것이다. 따라서 주인과 노예의 생존 조건이 다른 만큼 이들이 추구하는 도덕도 다르다. 주인 도덕은 적극적 자기 긍정, 자기 지배, 자기 창조, 힘의 강화 등을 높이 평가한다면, 노예 도덕은 겸손, 자기희생, 이웃사랑, 이타심, 평등, 평화 등을 선으로 보면서 주인 도덕을 부정적으로 평가한다.

이렇게 본다면, 사실 니체는 개인이 자신과 타인에 대해 어떤 태도를 보이느냐에 따라 인간을 두 가지 부류로 나눈 것 같다. 고귀한 자는 귀족의 특징을 가진 자이고, 비천한 자는 노예의 특징을 가진 자이다. 귀족은 자신을 적극적으로 긍정하고, 자신을 타인과 구별하려고 한다. 그렇기에 자신의 독립성과 고유성을 강화하고 이를 지키려 한다. 이에 반해 노예는 자신을 긍정하기보다 타인을 부정하려고 하고, 자신의 독립성과 고유성을 강화하기보다 무리를 형성하여 상호 의존적으로 행동하길 원한다.

니체는 서구 역사 2000년을 가치 전도의 역사로 본다. 서구의 역사는 귀족적 고귀함과 주인 도덕이 몰락하고, 이를 노예적 비천함과 노예 도덕이 대체해 온 역사라는 것이다. 그리고 니체는 이런 가치 전도의 역사가 유대교 전통에서 시작하여 기독교 성직자들을 통해 완성되었다고 본다. 기독교 성직자들은 천국과 지옥을 설교하면서 노예 도덕을 가장 강력하고 무섭게 전파했기 때문이다. 그 결과 서구 문화 곳곳에는 노예 도덕이 침투해 있다는 것이 니체의 판단이다. 이런 점에서 그가 신의 죽음을 선포한 것은 다름 아닌 노예 도덕의 종언을 선언하고, 다시금 주인 도덕을 회복하자는 외침이기도 했다.

그렇다면 고귀함과 니힐리스트는 무슨 관계가 있을까? 니체는 왜 니힐리스트를 고귀한 자로 보았을까? 니힐리스트는 이 세상이 존재하게 된 어떤 이유나 목적도 없다고 본다. 니힐리스트는 또한 인간이 살아야 할 어떤 이유나 목적도 없다고 본다. 그렇다면 니힐리스트는 어떻게 살까? 물론 세상만사가 다 허무하다고 보고 삶을 포기하는 사람도 있다. 그러나 니체가 생각하는 니힐리스트는 이런 사람이 아니라, 삶의 허무함을 강하게 긍정하면서도 역설적으로 이를 자기 창조의 기회로 삼

는 사람이다. 이렇게 본다면, 니힐리스트는 자기 삶의
주인이며, 세상만사의 가치를 스스로 정하는 고귀한 자
인 것이다.

현대사회에서는 고귀함과 비천함, 주인 도덕과 노예 도
덕의 기원인 귀족과 노예가 존재하지 않는다. 현대사회
는 신분 사회가 아니다. 과거 신분 사회에서 노예는 자
기 창조적 삶을 살려고 해도 살 수 없었다. 아마도 그랬
다면 주인으로부터 죽음을 면치 못했을 것이다. 자기
창조적 삶은 주인에 대한 거역으로 나갈 수 있기 때문
이다. 그러나 현대 민주주의 국가에서 모든 국민은 자
유롭고 평등한 존재이다. 따라서 누구나 자신이 원하면
자기 창조적 삶, 고귀한 삶을 살 수 있다. 물론 현대판
귀족이라고 말할 수 있는 사람도 있다. 돈도 많고, 권력
도 크면 한 사회의 지배층에 속한다. 하지만 이들이 돈
과 권력을 절대적 가치로 삼고 이것에 노예가 되어 산
다면, 이들은 고귀한 자, 귀족의 특징을 가진 사람이 아
니다.

사람들은 어떤 사람이 되길 원할까? 고귀한 자, 아니면
비천한 자? 사람들은 어떤 도덕을 추구할까? 주인 도
덕, 아니면 노예 도덕? 주변 사람들을 보면 니체가 말

하는 고귀한 자도 있고, 비천한 자도 있다. 다시 말해 귀족은 아니지만, 귀족의 특징을 지닌 사람, 노예는 아니지만, 노예의 특징을 지닌 사람도 있다. 그러나 이러한 질문에 대한 대답이 정해진 것은 아니다. 누구나 귀족처럼, 아니면 누구나 노예처럼 살 수도 있다. 문제는 개개인 자신의 결단이다.

다만 자기 창조적 삶을 위해서 주인 도덕만 필요하고, 노예 도덕은 철폐되어야 한다고 말하긴 어렵다. 사실 자기 창조적 삶을 위해서는 주인 도덕만이 아니며, 노예 도덕 역시 필요하기 때문이다. 나만이 자기 창조적 존재인 것이 아니라, 타인 역시 자기 창조적 존재임을 인정하고, 각 개인의 자기 창조적 삶이 잘 실현될 수 있도록 서로 배려하고 협력하는 것을 도덕적 덕목으로 삼는다면, 노예 도덕은 주인 도덕과 대립하지 않는다. 이웃사랑, 평등, 평화 등의 의미를 노예 도덕이 말하는 자기희생과 같은 덕목이 아니라, 서로에 대한 인정, 배려, 협력으로 해석할 때, 노예 도덕은 자기 창조적 삶을 훼손하는 것이 아니라, 오히려 이를 강화할 수 있다.

공자의 군자

니체가 말하는 귀족은 당연히 서양 귀족이고, 대개 그는 기사 같은 전사 귀족을 염두에 두었다. 이와 유사하게 동양의 유교적 전통에서도 통치 계급이 있고, 이들이 칭송하는 도덕도 있다. 이는 근본적으로 공자가 말하는 '군자'의 삶을 의미하지만, 문(文)과 무(武)의 구분 없이 모든 통치 계급에 해당한다. 그리고 군자의 삶은 그 반대인 소인배의 삶을 전제하지만, 이러한 구분이 니체가 말하는 주인 도덕과 노예 도덕 같은 것은 아니다.

공자의 말이 담긴 「논어」에 따르면, 군자는 의(義)로운 행동에 밝고, 소인배는 이(利)익에 밝다. 여기서 의로운 행동이란 다름 아닌 인(仁)이며, 이는 애인(愛人), 즉 남을 사랑하는 것이다. 그리고 남을 사랑한다는 것은, 자신이 목적을 달성하려고 할 때, 타인의 목적도 달성되도록 하고, 자기가 하고 싶지 않은 일은 남에게 시키지 않는 것을 의미한다. 15세가 넘은 왕의 아들이나 고관대작의 자제들에게 교육되었던 「대학」은 나라를 다스리고 천하를 태평하게 할 수 있는 군자의 도덕으로 자기가 겪는 것처럼 남의 처지를 헤아리며 행동하라는 원칙을 제시한다. 이렇게 보면 니체가 말하는 노예 도덕이 꼭 노예에 기원한 것은 아닌 것 같다. 동양 전통에서 주인 도덕에 해당하는 군자의 삶은 오히려 이웃사랑, 평등, 평화 등을 강조한 노예 도덕에 가깝기 때문이다.

그렇다면 모든 국민이 자유롭고 평등한 현대 민주주의 사회에서 누구나 고귀한 니힐리스트가 되기 위해 중요한 것은 적극적 자기 긍정, 자기 지배, 자기 창조, 힘의 강화만이 아니다. 누구나 고귀한 니힐리스트로 살기 위해서는 자신의 자기 창조적 삶만이 아니라, 타인의 자기 창조적 삶도 인정하고 배려하고 협력하려는 도덕적 태도가 필요하다. 따라서 니체가 비판한 노예 도덕의 확산은 고귀한 삶의 몰락을 의미하는 것이 아니라, 반대로 고귀한 삶의 확산에 이바지할 수 있다. 이런 맥락에서 헤겔의 역사철학적 주장은 음미할만한 가치가 있다. 즉 처음에는 왕만이 자유로웠고, 그다음에는 소수의 귀족만이, 그리고 이제는 모든 사람이 자유롭게 살 수 있는 시대가 열렸다는 것이다.

니체는 삶의 의지 실현을 위해 인간이 자기 삶의 주인이 되어야 함을 주장한다.
이는 동시에 자기 창조적 삶을 산다는 뜻이다.

제4장

니힐리즘과 혁명

나는 1983년 대학에 입학했다. 평탄한 과정은 아니었다. 내 어머니는 독실한 기독교 신앙인이셨고, 아들이 신학과에 입학해서 목사가 되길 원하셨다. 그러나 아들이 원한 것은 신학과가 아니라, 철학과였다. 자식 이기는 부모 없다고 했던가. 어머니와 나는 '신학과가 있는 대학의 철학과'에 입학하는 것으로 합의를 보았다. 어머니는 내가 언젠가 신학과로 전과하여 목사가 될 것이라는 희망을 버리지 않으셨다. 어머니는 아들이 니힐리즘에 빠져 있다는 것을 전혀 눈치채지 못하셨다. 그 아들은 누구에게도 그런 말을 한 적이 없으니 당연한 일이었다.

타는 목마름으로

나는 결국 철학과에 입학했다. 내 꿈은 참으로 소박했다. 철학과에 가면, 나처럼 사춘기 시절부터 철학에 관심을 가졌던 니힐리스트를 많이 만날 수 있지 않을까? 이것이 꿈이라면 꿈이었다. 그러나 현실은 달랐다. 그 시대 학생들 대부분에게 중요한 것은 어느 학과에 입학하느냐가 아니라, 어느 대학에 입학하느냐였다. 철학과에 입학한 학생들도 크게 다를 것이 없었다. 많은 이가 그냥 대학에 입학하기 위해 관심도 없는 철학과를 선택했다. 그런데 이런 현상은 비단 학생들에게만 나타난 현상은 아니었다. 당시 많은 교수도 교수라는 사회적 지위를 원했을 뿐, 학문에 대한 애착 때문에 교수가 된 것은 아니었다. 이런 이유 때문인지 우리나라에는 박사 학위를 받고 교수가 되었지만 학문에 관심이 없는 경우가 많다.

하지만 당시 상황이 어쨌든 나는 친구들을 만날 수 있었다. 니체를 알고, 사르트르를 읽고, 사춘기를 철학책 읊조리며 보낸 적지 않은 학생들이 철학과에 입학했기 때문이다. 개중에는 나보다 훨씬 심한 니힐리스트도 있었다. 이 니힐리스트는 이미 소싯적에 세상의 허무를 깨닫고, 학교도 자퇴하고, 방랑하며 살다가 검정고시로 철학과에 입학했다. 그리고 어느 학생은 나의 어머니가 나에게 바라던 것처럼, 목사가 되고 싶다고 했다. 그는 니힐리즘의 탈출구로 종교를 택한 것 같았다.

그런데 당시 대한민국은 갓 대학에 입학한 신입생들이 끼리끼리 모여 니힐리즘을 말하며 철학을 논할 만한 한가한 시대가 아니었다. 입학식 때부터 들었던 최루탄 터지는 소리, 코를 찌르는 매캐한 냄새, 참을 수 없는 눈 따가움과 쏟아지는 눈물, 방석모와 방패로 무장한 전경, 짧은 머리의 사복경찰. 내가 대학에 다니던 때는 1979년 12.12 군사반란으로 집권한 군부 독재세력에 맞서 대학생들의 처절한 항쟁이 시작된 참혹한 시대였다. 나도 이런 시대적 파고를 넘어설 수는 없었다.

내 머리는 너를 잊은 지 오래
내 발길도 너를 잊은 지 너무도 오래
오직 한 가닥

타는 가슴속 목마름의 기억이

네 이름을 남몰래 쓴다

타는 목마름으로

타는 목마름으로

민주주의여 만세

살아오는 저 푸르른 자유의 추억

되살아나는 끌려가던 벗들의 피 묻은 얼굴

떨리는 손 떨리는 가슴

치 떨리는 노여움이

신새벽에 남몰래 쓴다

타는 목마름으로

타는 목마름으로

민주주의여 만세

나는 대학교 신입생 때 신촌역 인근의 '페드라'라는 술
집에서 이 노래를 처음 들었다. 나중에 알게 된 것이
만, 이 노래는 김지하 시인의 '타는 목마름으로'라는 시
를 개작하여 노랫말로 만든 것이었다. 술집을 가득 메
운 사람, 자욱한 담배 연기 사이로 누군가의 입에서 터

져 나왔던 이 노래, 그 한 맺힌 음성과 그 가사는 순간 내 머리카락을 쭈뼛 서게 했고, 잠깐이나마 온몸에 소름 돋는 느낌을 주었다. 처절한 항쟁의 물결이 내게도 밀려오는 순간이었다.

니체와 마르크스

나는 선배들이 만든 모임에 들어가 사회과학 서적을 탐독했고, 해방 이후 대한민국의 역사적 왜곡 과정과 한국 사회의 구조적 문제를 공부했다. 그리고 이로 인한 남북 분단, 대외 종속, 노동 착취, 민주주의 말살 등도 절감했다. 그러던 중 나는 차츰차츰 이 모든 문제 제기의 배후에 한 명의 철학자가 아른거리고 있음을 깨달았다. 그는 과거의 사람이었지만, 그의 사상과 언어가 현대사회를 이해하고 비판하는 곳곳에서 등장했기 때문이다. 마르크스였다!

니체를 통해 철학을 알게 된 나에게 마르크스는 전혀 다른 전율을 주었다. 그는 이 세상이 허무하다고 말한 것이 아니라, 이 세상이 잘못되었다고 말한다. 그리고 잘못된 이 세상을 무너뜨리고 새로운 세상을 만들자고 역설한다. 나는 고민에 빠지지 않을 수 없었다. 모든 것이 허무하다고 말하는 니힐리스트 니체, 새로운 세상을 만들자는 혁명가 마르크스. 이들은 하나를 택하면 다른 하나를 버려야 하는 양자택일 관계일까? 아니면 이들은 하나로 묶일 수 있는 어떤 공통점을 갖고 있을까?

마르크스 사상의 근본적 토대는 유물론적 세계관이다. 즉 이 세계는 감각을 통해 경험 가능한 물질들로 구성되어 있고, 이 물질들은 무한한 상호작용 관계에 놓여 있으며, 일정한 법칙에 따라 생성, 변화, 발전한다. 무기물은 유기물로, 유기물은 생명체로, 생명체는 식물과 동물로, 동물은 하등 동물에서 고등 동물로 발전했고, 결국에는 뇌의 발달로 인해 신체적 운동만이 아니라 정신적 활동도 수행하는 인간이 등장했다. 그리고 이러한 인간으로 구성된 사회 역시 변화하고 발전한다. 원시 공산사회는 고대 노예제 사회로, 고대 노예제 사회는 중세 봉건사회로, 중세 봉건사회는 근대 자본주의 사회로 발전했고, 근대 자본주의 사회에 이어서 사회주의 사회가 등장하는 것이 역사의 필연적 발전법칙이다.

유물론적 세계관은 스피노자의 입장과 유사한 점이 있다. 스피노자는 이 세계가 창조된 것이 아니라, 스스로 존재하는 자기 원인자라고 했다. 그리고 이 세계는 무한하며, 이 세계에 존재하는 개별적 존재자들은 어떤 보편적 섭리에 따라 생성, 변화, 소멸한다고 보았다. 마르크스의 관점에서 보면 스피노자가 말하는 스스로 존재하는 세계가 물질세계이며, 스피노자가 말하는 보편적 섭리가 물질의 발전법칙이다.

따라서 이 세계는 신에 의해 창조된 것도 아니며, 비물질적 존재인 신이란 아예 존재하지도 않는다. 이 세계는 오직 물질로만 이루어졌을 뿐이며, 이 세계가 존재하게 된 그 어떤 이유나 목적 같은 것도 없다. 이 세계에 존재하는 개별적 존재자들은 그저 법칙에 따라 생성, 변화, 발전할 뿐이다. 이렇게 본다면 마르크스의 유물론적 세계관은 니체의 세계관과 크게 다를 것 없다. 니체 역시 이 세계는 아무런 이유도 목적도 없이 존재하며, 그저 무의미한 생성, 변화, 소멸만이 반복된다고 보지 않았던가!

종교 비판

그런데 이 세계에는 종교가 있고, 사람들은 신의 존재

를 믿는다. 더구나 기독교는 신에 의한 최후의 심판 그리고 천국과 지옥까지 말하고 있다. 이점과 관련해서도 마르크스는 니체와 매우 유사한 입장을 피력한다. 마르크스는 비물질적 존재를 부정하기 때문에 그에게도 신은 존재하지 않는다. 그런데 뇌가 고도로 발전한 인간은 정신적 활동을 한다는 점에서 관념과 사상의 세계를 창조했고, 이런 정신적 활동의 산물이 신이다. 이런 점에서 신은 인간이 만들어낸 인위적 관념에 불과하지만, 반대로 사람들은 이 관념에 상응하는 신이 실재한다고 믿었기 때문에 종교가 등장한 것이다.

그렇다면 사람들은 왜 신이 실재한다고 믿었을까? 니체에 따르면, 고귀한 사람, 주인, 귀족, 즉 강자들은 자기 자신을 창조하면서, 이 세상사의 가치를 스스로 정하려는 주권적 태도로 산다. 이에 반해 비천한 사람이나 노예, 즉 약자들은 강자들의 주권적 행동이 자신의 안전을 해칠까 두려워하면서 이들에 대한 원한을 품고 산다. 신이란 바로 이런 약자들이 꾸며낸 가상에 불과하다는 것이 니체의 생각이다. 다시 말해 현세에서 힘들고 불행한 삶을 사는 약자들이 자신의 고통과 불행을 내세에서나마 보상받고 싶어 천국과 지옥을 나누고, 천국에서의 영원한 삶을 보장하는 신이라는 존재를 꾸며냈다는 것이다.

마르크스의 생각도 이와 유사하다. 마르크스 역시 신에 대한 믿음의 원인을 착취와 억압으로 고통받는 피지배 계층의 심리에서 찾았기 때문이다. 마르크스에 따르면, 현실에서 착취와 억압으로 고통받는 사람들은 지상에서 실현할 수 없는 행복한 삶에 대한 꿈을 천국에 투영한다. 즉 이들은 절대자 신이 만든 정의롭고, 사랑이 넘치는 곳, 신을 믿는다면 누구나 갈 수 있는 곳, 즉 천국을 만들어냈다는 것이다. 따라서 신이란 인간의 이상이 내세로 투영된 것이며, 이를 믿는다는 것은 자신이 만든 환상을 현실로 보는 착각에 불과하다. 하지만 이 환상은 현실에서 고통받는 사람들에게 자신의 고통을 잊게 할 만큼 너무나 달콤한 위안을 준다. 이런 점에서 마르크스는 종교를 '인민의 아편'이라고 규정한다. 마약의 일종인 아편이 환각 작용을 일으켜 현실의 고통을 잊게 하듯이 종교도 그렇다는 것이다.

역사의 필연적 발전?

마르크스와 니체는 이렇게 이 세계를 아무런 이유도

원인도 없이 스스로 존재하는 것으로 볼 뿐만 아니라, 신의 존재도 부정한다. 이런 점에서 이들은 하나로 묶일 수 있지만, 이들에게는 결정적 차이가 있다. 이 세계가 발전한다는 마르크스의 생각은 니체의 생각과는 크게 다르기 때문이다. 니체는 이 세계를 무의미한 생성, 변화, 소멸이 반복되는 세계로 볼 뿐, 그것이 발전한다고 생각하지는 않았다. 아마도 이 세계가, 특히 인간 사회가 역사적으로 발전한다는 생각은 니힐리즘에 반대되는 것일 수 있다. 만약 인간 사회가 역사적으로 발전한다면, 이는 흡사 인류의 역사에 방향이 있는 것과 마찬가지이며, 따라서 인류가 마땅히 따라야 할 어떤 목표가 있는 것과 마찬가지이다. 더구나 역사의 발전 방향을 믿는다면, 과연 이를 따르지 않을 수 있을까? 이를 따르지 않는다면 그것은 퇴보를 의미하는데도 말이다. 이런 점에서 필연적 발전법칙이 있다면, 아마도 누구나 발전과 퇴보라는 이분법적 가치판단을 통해 발전으로 가정된 상태를 모두가 따라야 할 최고선이라고 생각할 것이다.

이처럼 마르크스가 역사의 필연적 발전을 주장하지만, 인류의 역사가 저절로 낮은 단계에서 높은 단계로 발전한다고 생각한 것은 아니다. 마르크스는 인간의 혁명적 활동을 통해 비로소 역사가 발전한다고 보았다. 그리고 마르크스는 일하는 사람, 자본주의 사회에서는 노동자를 혁명의 주체, 다시 말해 역사 발전의 주체로 규정했다. 그런데 일하는 사람, 노동자는 역사적으로 볼 때 주인이 아니라, 노예의 위치에 있던 사람이 아닌가? 니체는 주인만이 자기 창조적 삶을 살고, 주인만이 세상의 가치를 스스로 정한다고 보았다. 따라서 인간 사회를 변혁한다면 이 역시 주인들의 몫일 것이다. 그러나 마르크스는 반대로 노예를 변혁의 주체로 본 것이다.

주인과 노예 관계의 전복

마르크스의 사상에 지대한 영향을 미쳤던 독일 철학자 헤겔이 있다. 그는 마르크스보다 한 세대 앞선 철학자로서 '주인과 노예 관계의 전복'을 주장했다. 이에 따르면, 주인은 노예를 지배하지만, 노예의 노동에 의존해 산다. 노동하지 않는 주인은 노예가 노동을 통해 산출한 생산물을 통해 자신의 필요와 욕구를 충족할 수밖에 없기 때문이다. 이에 반해 노예는 주인에 종속되어 있지만, 생산물을 산출하기 위해 자연에 존재하는 객관적 대상들을 계획적으로 가공하고 변형하는 노동을 수행한다. 이런 점에서 노예는 자신의 필요와 욕구를 스스로 충족할 수 있는 자립적 존재일 뿐만 아니라, 객관적 대상에 자신의 노동을 가하면서 자신의 인식과 의도를 객관적으로 체현하는 자기실현적 존재이다. 그러나 노예의 노동에 의존해 사는 주인은 노예의 노동 생산물을 향유할 뿐, 객관적 대상을 계획적 변형의 관점에서 보지 못한다. 이런 주인과 노예의 관계는 전복될 수밖에 없다. 노예가 자신이 자립적 존재이고, 주인은 자신에 의존해서 살 수밖에 없는 종속적 존재임을 자각한 순간, 노예는 이 세계를 자신의 계획에 따라 변형할 수 있기 때문이다. 다시 말해 노예가 이제는 주인과 노예 관계를 철폐하는 혁명의 주체가 된다는 것이다.

내가 마르크스를 처음 알았을 때, 그가 말하는 역사의 필연적 발전 사상은 공감하기 어려웠다. 니체가 말하듯 니힐리스트가 자기 창조적 삶을 살 수밖에 없다면, 니힐리스트에게는 인류의 역사 역시 창조의 대상일 뿐, 여기에 어떤 필연적 방향이 있다고 생각할 수는 없기 때문이다. 그렇지만 일하는 사람이 역사의 주체라는 마르크스의 주장에 이르러서는 그가 역사 역시 창조의 대상임을 말해주는 것처럼 느꼈다. 그리고 이런 점에서 마르크스는 오히려 니체가 이야기하지 않은 부분으로 니힐리즘을 확장한 것은 아닐까 생각하기도 했다. 다시 말해 니체가 인간의 삶을 창조의 대상으로 삼았다면, 마르크스는 역사까지 창조의 대상으로 삼았다는 것이다.

더구나 마르크스는 나에게 니체의 한계를 넘어설 새로운 길을 열어주었다. 니체를 읽을 때면 항상 그의 엘리트주의적 표현들이 마음에 걸렸었다. 니체는 니힐리스트의 삶을 자기 창조적 삶으로 규정하면서 곧잘 이를 귀족의 특성과 연결했고, 이를 노예나 비천한 자의 삶과 대립시켰다. 하지만 역사적으로 귀족도 있고 노예도 있었지만, 그것은 결코 절대적인 것은 아니다. 도대체 오늘날 귀족과 노예를 말하는 것이 무슨 의미가 있을까? 이런 점에서 일하는 자, 노예, 노동자를 역사의 주체로 선언한 마르크스는 니체를 확장하면서도 그를 전복시킨 것처럼 보였다. 그렇다면 이제 누구든 다 니힐리스트로 살 수 있는 것 아닐까.

니체가 인간의 삶을 창조의 대상으로 삼았다면, 마르크스는 역사까지 창조의 대상으로 삼았다. 더구나 마르크스는 니체의 한계를 넘어설 새로운 길을 열어주었다.

제3부

니힐리스트로 사는 게
쉬운 일은 아니다

제3부 니힐리스트로 사는 게 쉬운 일은 아니다

제1장

성스러운 거짓말

니체의 선포

니체는 신의 죽음을 선포했다. 말 자체만 따져보면, 이 말은 지금까지 신이 존재했지만, 이젠 존재하지 않게 되었다는 말처럼 들린다. 무언가 죽었다면, 먼저 살아 있어야 한다. 그렇다면 신의 죽음을 선포한 니체는 신이 존재했다고 생각한 걸까? 니체는 어려서부터 성서에 대한 이해가 깊었고, 12세 때는 '광채 속에서 신을 보았다'고 할 정도로 신앙심이 깊었다고 한다. 그러나 중요한 건 니체가 왜 신의 죽음을 선포했는가 하는 점이다. 그 이유는 간단하다. 니체가 신의 죽음을 선포한 건, 인간이 '초인(超人)'에 이르는 데 신이 걸림돌이 된다고 생각했기 때문이다. 따라서 니체가 신의 죽음을 선포한 건 이 걸림돌을 제거하기 하기 위함이었다.

니체가 말하는 초인은 진정한 니힐리스트를 의미한다. 따라서 초인은 이 세계가 존재하는 그 어떤 이유나 목적도 없으며, 인간이 살아야 할 그 어떤 이유나 목적도 없다고 생각한다. 그러나 초인은 이 허무함에 절망하지 않는다. 초인은 허무함을 적극적으로 긍정하고 이를 자기 창조적 삶의 계기로 삼는다. 그리고 초인은 이러한 자기 창조를 위해 삶을 긍정하고 현재의 제약을 넘어 인간의 무한한 가능성을 발산한다. 이런 점에서 초인은 고귀한 자, 주인 된 자, 자신의 한계를 넘어서려는 자이기도 하다.

그런데 기독교 성직자는 신이 살아있음을 주장하면서 흡사 자신들이 신의 대리인인 것처럼 행동한다. 이들은 현세와 내세를 나누고, 내세를 다시 천국과 지옥으로 나눈다. 이들은 자신이 세운 교리나 가르침을 따르는 것이 선이요, 선을 쌓아야 천국의 삶이 보장된다고 말한다. 그 반대는 모두 악이요, 지옥이다. 이것이 기독교 성직자들이 말하는 구원이다. 니체는 이러한 구원의 논리를 '성스러운 거짓말'로 규정한다. 천국은 현세에서 고통받는 사람들이 삶의 위안을 얻기 위해 꾸며낸 말에 불과하다는 것이다. 하지만 이런 성스러운 거짓말은 천국에서의 영원한 행복을 위해 현세에서의 삶을 부정하고, 성직자들에 대한 복종을 강요함으로써 이들의 권력만 강화할 뿐이다.

이렇게 볼 때 니체가 신의 죽음을 선포한 것은 신의 존재에 기댄 구원의 논리를 부정함으로써 현세에서의 삶을 긍정하고 초인에의 길을 열어놓기 위함이다. 따라서 니체에게는 초인의 삶을 사는 데 신이 필요한지, 필요없는지가 중요했을 뿐, 신이 실제로 존재하는지, 존재하지 않는지는 관심사가 아니었다. 그렇다면 문제를 바꾸어 보자. 신은 존재할까? 아니면 존재하지 않을까?

아인슈타인의 반문

아인슈타인에 관한 흥미로운 에피소드가 있다. 어느 신문기자가 그에게 신이 존재하는지를 물었다는 것이다. 아인슈타인은 특수상대성, 일반상대성, 통일장 이론 같은 아주 혁명적인 이론을 제시했다. 이런 이론들은 물리학자들도 잘 이해하기 어렵다고 하니, 물리학을 모르는 일반 사람들은 그가 말하는 것이 무엇인지 감조차 잡기 어렵다. 그러나 사람들은 대개 아인슈타인이 우주의 모든 것을 해명한 천재 물리학자쯤으로 생각한다. 그렇기에 신문기자는 아인슈타인에게 신의 존재를 물은 것이다.

신문기자의 질문에 대한 아인슈타인의 답변은 이랬다. 당신이 말한 신이 어떤 존재인지 설명해 준다면, 신이 존재하는지 대답해 주겠노라고. 신문기자는 질문만 하고 대답도 듣지 못한 채 역공을 당한 셈이다. 이제는 상황이 바뀌어 신문기자가 아인슈타인에게 대답해야 할 처지가 되었지만, 신문기자는 아무 말도 하지 못했다. 사람들은 신이 있는지 없는지 궁금해한다. 그러나 정작 자신이 궁금해하는 그 신이 어떤 존재인지는 의식하지 못한 경우가 많다. 신에 관한 한 사람들은 자신이 알지도 못하는 어떤 것이 존재하는지를 묻는 셈이다.

구약성경의 〈창세기〉는 유대교, 기독교, 이슬람교가 경전으로 삼는 '토라(Torah)', 즉 모세 5경 중의 하나이다. 이런 점은 이들 종교가 서로 다른 종교이고, 서로 싸우기도 했지만, 그 뿌리가 같음을 의미한다. 〈창세기〉를 보면 이들 종교가 숭배하는 신이 어떤 존재인지 알 수 있다. 그 신은 다름 아닌 이 세상을 만든 창조자이다. 따라서 신문기자가 〈창세기〉를 의식했다면, 단순히 신이 존재하느냐고 물을 것이 아니라, 창조자로서의 신이 존재하는지를 물어야 했다.

그런데 〈창세기〉에 나타난 신이 창조자인 것만은 아니다. 신은 자신이 창조한 인간이 죄악에 빠져 있음을 한탄하며, 이 세상을 창조한 것을 후회한다. 그리고 홍수를 일으켜 노아의 가족을 제외한 모든 인간을 전멸시킨다. 이것이 노아의 홍수 이야기이다. 40일간 밤낮을 가리지 않고 비가 내렸고, 이 세상이 150일 동안 물에 잠겼다. 대홍수가 끝나자, 신은 살아남은 노아의 가족을 축복하며, 생육하고 번성하라고 했다. 그리고 다시는 물로 세상을 전멸시키지 않겠다고 언약한다. 무지개가 이 언약의 증표였다. 이런 점에서 〈창세기〉의 신은 언약의 신이기도 하다.

그런데 조금만 생각해 보면, 「너희도 신처럼 되리라」의 저자 에리히 프롬이 지적하듯이, 창조의 신과 언약의 신은 서로 반대됨을 알 수 있다. 창조의 신은 이 세상을 오직 자기의 뜻에 따라 창조했다. 그렇기에 자기의 뜻에 맞지 않으면 이 세상을 전멸시킬 수도 있다. 그리고 노아의 홍수 이야기처럼 실제로 그렇게 했다. 그러나 신이 인간과 언약을 맺었다면, 이제 신은 이 언약을 지켜야 한다. 따라서 언약의 신은 자기 뜻에 따라서 행동할 수만은 없다. 모든 것을 자기 뜻대로 하는 존재와 언약을 지켜야 할 존재가 서로 같은 존재일 수 있을까? 아니면 신의 특성이 변한 것일까?

신의 존재 증명

11세기경 영국 캔터베리 지역의 대주교였던 이탈리아 출신의 신부 안셀무스는 신이 존재함을 증명하려고 했다. 이른바 '존재론적 신 증명'이라고 불리는 이 증명은 꽤 단순하다. 안셀무스는 '신이란 이보다 더 위대한 것은 생각할 수 없는 그런 존재'로 보았다. 이는 신이 가장 위대한 존재라는 뜻이고, 이 위대함은 아무런 결함이 없는 전지전능함을 뜻한다. 그런데 전지전능함에는 존재할 수 있는 능력 또한 포함되는 것 아닌가? 과연 존재할 능력도 없고, 존재하지도 않는데 전지전능하다고 말할 수 있을까? 따라서 완전하고 전지전능한 존재를 신이라고 부른다면, 신은 존재한다!

아퀴나스의 '인과론적 증명'도 있다. 아퀴나스는 중세 가톨릭 철학의 대표자로 도미니크 수도회의 수도사였다. 그에 따르면 존재하는 모든 것에는 원인이 있다. 따라서 이 세계 역시 존재하게 된 원인이 있지만, 이 원인은 그 무엇의 결과여서는 안된다. 만약 그렇다면 우리는 또다시 그 원인의 원인을 물어야 하기 때문이다. 따라서 세계가 존재한다면, 그 원인이 있어야 하지만, 그 원인은 그 무엇의 결과도 아닌 최종 원인이어야 한다. 철학에서는 이런 존재를 '자기 원인자'라고 부른다. 존재하게 된 원인이 자기 자신인 존재만이 그 어떤 원인의 결과가 아닌 최종 원인이 될 수 있기 때문이다. 그런데 우리는 세계가 실재함을 안다. 따라서 그 최종 원인도 존재해야 하며, 최종 원인은 존재 원인이 자기 자신인 존재일 수밖에 없다. 따라서 자기 원인자를 신으로 부른다면, 신은 존재한다!

키르케고르

이렇게 신의 존재를 증명하려는 시도도 있지만, 덴마크 코펜하겐 출신의 철학자 키르케고르는 신은 논증이 아니라, 신앙의 영역이라고 말한다. 그리고 신을 증명하려는 사람들을 비웃으며, 논증은 신앙의 적이라고까지 말한다. 논증은 이성을 중시하고, 논리적 사고와 객관적 지식을 추구하지만, 신앙이란 주관적 체험이며, 개인적 결단이고, 신의 계시를 통해 갖게 되기 때문이다. 따라서 기독교인은 당연히 이런 신앙을 가진 자이며, 세례를 받거나 교회의 예배의식이나 여러 성사(聖事)에 참여한다고 해서 기독교인인 것은 아니다. 이런 점에서 키르케고르는 자신이 기독교인인 것처럼 행동하는 사람은 많지만, 진짜 기독교인은 많지 않다고 말한다.

키르케고르의 생각은 1517년 로마 교황 중심의 가톨릭 지배체제에 저항하여 종교개혁을 일으킨 마틴 루터의 입장과 크게 다르지 않다. 루터는 무엇보다도 교회와 성직자를 통해 구원에 이를 수 있다는 당시 가톨릭 교회의 입장을 거부했다. 교회가 주관하는 예배의식에 참여한다든지, 교회가 파는 면죄부를 산다든지, 성직자들이 말하는 교리를 지킨다고 해서 구원에 이르는 것은 아니라는 것이다. 루터는 교회에서 하는 성사(聖事)들을 마술이자 미신이라고까지 규정하며, 이를 배격하기도 했다. 그 대신 루터는 구원이 오로지 신과의 일대일 관계를 전제한 신앙을 통해서만 이루어진다고 보았다. 신앙을 갖게 되면 인간은 그리스도와 하나가 되어 자신의 죄를 깨닫고, 본성이 변하여 이웃사랑을 실천함으로써 아담의 타락으로 인한 원죄에서 벗어난다는 것이다.

키르케고르는 어려서 어머니가 돌아가시고 다섯 명의 누이가 차례로 사망하는 충격적인 사건을 경험했다. 그의 아버지는 이 때문에 한평생 우울증에 빠졌고, 키르케고르 역시 극도의 정신적 갈등을 겪다 42세의 나이로 요절했다. 그래서 그런지 키르케고르는 그의 저서 「이것이냐, 저것이냐」에서 자신은 한 번도 행복한 적이 없을 뿐만 아니라, 인생이란 공허하고 무의미하다고 말한다. 그리고 그는 이러한 상황을 빗대어 '실존적 권태'라는 말을 사용했다. 인간은 세상 사람들이 원하고, 추구하고, 몰두하는 모든 것이 다 무의미하고, 무가치하다고 느낄 때 실존적 권태를 느낀다는 것이다. 이렇게 볼 때 키르케고르 역시 인생의 허무함과 무의미함을 주장한 니힐리스트였는지 모른다. 그러나 그는 인생에 절망하고, 삶을 포기하는 쪽으로 나아가지 않았다. 흡사 그는 니체가 말하는 니힐리스트처럼 이 허무함을 극복하려고 했다. 그러나 그 방법은 정반대였다. 키르케고르는 자기 창조적 삶이 아니라, 신앙인의 삶을 택했기 때문이다.

키르케고르에 따르면 세 가지 종류의 삶이 있다. 그중 하나는 '심미적 삶'이다. 이는 어떤 아름다운 것에 심취하듯, 그것이 권력이든 명예이든 지식이든, 자기 밖에 있는 어떤 대상이 주는 욕망과 쾌락에 몰두하는 삶이다. 그러나 이는 절망에 빠질 수밖에 없다. 욕망은 더 큰 욕망을 낳고, 쾌락은 더 큰 쾌락을 원하지만, 이는 결코 충족될 수 없기 때문이다. 심미적 삶의 역설을 깨달은 사람은 '윤리적 삶'으로 도약한다. 이는 인간이 양심에 따라 자신에게 맡겨진 도덕적 의무와 사명을 다하는 삶이지만, 이는 결코 온전히 실현될 수 없다. 인간은 아무리 양심의 가책을 느끼더라도 죄를 지을 수밖에 없는 불완전한 존재이기 때문이다. 윤리적 삶의 한계를 깨달은 사람은 자신의 죄를 회개하고 '종교적 삶'으로 도약한다. 이는 절대자인 신이 예수 그리스도를 통해 인간의 몸으로 태어났고, 인간의 죄를 대신하여 십자가에 못 박혀 돌아가셨다는 사실을 믿을 때 가능하다. 종교적 삶은 이런 점에서 신앙을 통한 삶이며, 예수가 몸소 실천했듯이, 예수처럼 사랑을 실천함으로써 이른바 '진리의 증인'으로 사는 것을 뜻한다.

신은 어떤 존재일까?

신은 어떤 존재일까? 천국과 지옥을 나누고 성직자를 대리인으로 둔 신, 창조의 신, 언약의 신, 전지전능한 신, 자기 원인자인 신, 예수 그리스도를 통해 인간으로 태어난 신… 인간의 눈에는 이들이 서로 다른 신으로 보일 수 있지만, 신은 이런 특성을 모두 다 지니고 있을 지도 모른다. 그런데 이런 신 중 어떤 신, 다르게 말하면 신이 가진 특성 중 어떤 특성이 초인의 삶에 방해가 될까? 천국과 지옥을 나눈 신은 니체가 지적하듯이 자기 창조적 삶에 방해가 된다. 천국과 지옥의 구분은 인간의 삶을 부정하면서도, 인간의 삶에 절대적 이유와 목적을 부과하기 때문이다. 더구나 천국과 지옥을 나눈 신의 대리자 역할을 하는 성직자들도 초인의 삶에 방해가 된다. 이들은 자신이 만든 교리나 가르침에 순종할 것을 요구하기 때문이다. 그러나 종교개혁가 루터나 종교적 삶을 가장 이상적 삶으로 본 키르케고르는 니체와 마찬가지로 성직자나 교회를 구원의 매개자로 보지 않는다.

그렇다면 성 육화한 신, 즉 예수 그리스도를 통해 육신으로 태어난 신도 초인의 삶에 방해가 될까? 따라서 이런 신을 믿는 사람은 초인의 삶을 포기해야 할까? 「안티크리스트」라는 책에서 니체는 예수 그리스도에 대한 자신의 견해를 밝힌다. 그에 따르면 예수 그리스도는 예배의식, 회개, 기도를 통해 천국에 이를 수 있다고 주장한 율법학자들에 반대하여, 천국은 '사랑'이라는 새로운 생활방식임을 자신의 실천으로 보여주었다고 말한다. 다시 말해 예수 그리스도가 전한 복음은 사랑이며, 사랑이 실현되는 곳이 천국이라는 것이다. 이런 점에서 니체는 예수 그리스도가 유일한 기독교인이라고까지 말한다.

그렇다면 사랑을 말하는 신, 사랑을 전하는 종교도 그 죽음을 선포해야 할까? 사랑은 자기 창조적 삶에 방해가 될까? 아니면 그 반대일까? 예수는 모든 율법과 대제사장의 가르침이 사실은 오직 사랑, 즉 신과 이웃과 인간 자신에 대한 사랑이라고 말한다. 그리고 그는 진리가 인간을 구속하는 것이 아니라, 자유롭게 한다고 말한다. 니체 역시 상대방을 소유하고 구속하려는 사랑이 아니라, 자신의 삶을 함께 창조할 수 있는 사랑, 초인의 길을 가도록 함께 격려할 수 있는 사랑을 말한다. 자기가 지배하는 노예도 아니고, 자기를 지배하는 폭군도 아닌 친구와의 사랑을 말한다.

아인슈타인과 신문기자 이야기로 돌아가 보자. 아인슈타인은 신문 기자에게 당신이 묻는 신은 어떤 존재인가를 되물었다. 아마도 아인슈타인이 신의 죽음을 선포한 니체를 만났다면, 이렇게 물었을 것이다. 당신이 죽음을 선포한 신은 어떤 신입니까? 천국과 지옥을 나누고 성직자를 대리인으로 둔 신, 아니면 사랑의 신?

어느 신문 기자가 아인슈타인에게 신이 존재하는지 물었다. 그러자 아인슈타인이 기자에게 되물었다. 당신이 말한 신이 어떤 존재인지 설명해 준다면, 신이 존재하는지 대답해 주겠노라고.

제2장

현대인의 우상 숭배

49%가 종교인

2022년 한국리서치에서 실시한 종교인구 조사에 따르면, 한국 사람 중 49%가 종교를 갖고 있다. 대략 반 정도는 종교가 있는 셈이다. 그리고 이 중 개신교 20%, 불교 17%, 천주교 11%, 기타 종교 2%이다. 그런데 어리석은 물음 같지만, 종교의 유무에 따라 인간의 삶이 변할까? 물론 종교를 갖게 되면, 교회에 가고 법당에 가는 변화가 생긴다. 그런데 종교를 갖게 되면서 생긴 변화가 단순히 이런 것일까?

종교에는 나름대로 강조하는 삶의 가치가 있다. 따라서 독실한 신자라면, 이런 가치를 실현하려고 노력할 것이다. 그리고 이렇게 노력하면 행동이 달라지고, 인생이 달라지고, 사람 자체도 달라진다. 향수를 포장한 종이에서는 향수 냄새가 나고, 생선을 싼 종이에서는 비린내가 난다. 이처럼 사람의 마음속에 무슨 생각이 있느냐에 따라, 어떤 가치관을 품고 있느냐에 따라 사람이 달라질 수밖에 없다. 그리고 사람이 달라지면, 사람이 모여 사는 사회도 달라진다.

그런데 종교를 가져도 삶이 달라지지 않는다면, 과연 그 사람을 독실한 신자라고 말할 수 있을까? 개신교든 천주교든 이들이 추구하는 제1의 가치는 사랑이다. 불교 역시 이와 유사하게 자비를 강조한다. 이런 기독교와 불교가 우리나라 인구의 절반을 차지하고 있는데 우리 사회의 모습은 어떤가? 사랑과 자비가 넘쳐나고 있을까? 물론 종교인이라고 해서 비종교인보다 더 큰 도덕적 의무를 져야 하는 것은 아니다. 어떤 종교인이 사랑이나 자비를 실천하지 않았다고 이들을 비난할 수는 없다. 다만 사랑과 자비를 삶의 가치로 삼는 사람이 많다면, 그만큼 우리 사회에 사랑과 자비가 충만하지 않을까 추론해 볼 수는 있다. 그러나 우리 사회는 이런 추론에 맞는 것 같지 않다. 과연 우리 사회에 사랑과 자비가 넘쳐난다고 자신 있게 말할 수 있는 사람이 몇이나 있을까?

불상이 된 부처

니체는 초인의 길을 열어놓기 위해 신의 죽음을 선포했다. 그러나 신은 아직 죽지 않았다. 여전히 많은 사람이 신을 믿는다. 그렇기에 니체는 신의 죽음을 선포하며 니힐리즘의 도래를 예언했지만, 아직은 때가 이르다고 말했다. 사람들은 죽은 신을 버리지 못하고, 여전히 죽은 신의 그림자만을 지키고 있거나, 죽은 신을 대신할 새로운 신을 찾고 있기 때문이다. 니체의 표현에 따르면, 부처가 죽은 지 수천 년이 지났는데도 사람들은 여전히 그의 그림자를 동굴 안에 안치하고 있다. 이런 점에서 니체는 '새로운 투쟁'을 말한다. 신의 그림자, 신을 대신한 우상들에 맞서 싸워야 한다는 것이다.

불교의 창시자는 고타마 싯다르타이다. 흔히 사람들은 그를 가리켜 '깨달은 사람'이란 뜻의 '부처'로 부른다. 부처가 깨달은 것은 '사성제'라고 불리는 네 가지 진리였다. 인생은 괴로움이다, 모든 괴로움은 욕망에서 비롯된다, 욕망을 없애면 괴로움은 사라지고 윤회에서 벗어난다, 그리고 이를 위해서는 팔정도라 불리는 여덟 가지 수행을 해야 한다. 즉 바르게 보고, 생각하고, 말하고, 행동하고, 자기 역할을 다하고, 이 모든 것을 위해 노력하고, 바른 의식 갖고 이 상태를 유지해야 한다. 사성제 팔정도. 이것이 그의 깨달음이었다.

부처는 80세에 세상을 떠날 때까지 사람들에게 자신의 깨달음을 전했고, 많은 제자와 추종자가 생겼다. 그런데 부처는 자신을 신격화하고 자신을 숭배하는 것을 단호히 거부했다. 그리고 누구든 다른 사람의 도움이 아니라, 자기 자신만을 믿고 의지할 때 깨달음에 이를 수 있음을 강조했다. 그러나 부처의 추종자들은 종교를 만들었고, 그를 신격화했다. 부처가 세상을 떠난 지 2500여 년이 지났지만, 아직도 많은 사람이 그가 살아 있는 것처럼, 더구나 신처럼 숭배한다. 대웅전에 모셔놓은 불상, 암벽에 새겨놓은 불상, 토굴 속에 안치된 불상, 이 모든 것을 보면 부처는 살아있는 신이다.

자유로부터의 도피

사람들은 왜 신이 아닌데도 신처럼 숭배하고, 어째서 죽은 사람을 살아있는 신처럼 생각할까? 더구나 종교에서 강조하는 삶의 가치도 지키지 않으면서 신을 믿는 이유는 무엇일까? 「자유로부터의 도피」에서 에리히 프롬이 말하는 심리적 불안감은 이런 문제에 대한 실마리를 제공한다. 그에 따르면, 어떻게 살아야 할지 자신의 삶에 확신이 없는 사람은 심리적 불안감에 빠지기 쉽다. 그리고 이를 극복하기 위해 뭔가 절대적 권력을 가진 존재를 갈망하고 이에 복종하려고 한다. 이런 사람은 자신이 절대적 권력자에게 복종하면, 절대적 권력자가 그 권력을 통해 자신의 삶을 보증해 줄 수 있고, 따라서 자기가 잘살고 있는지, 그렇지 않은지 불안해할 필요가 없다고 생각한다.

사실 절대적 권력자에 복종하면서 심리적 불안감을 해소하려는 욕구는 특이한 것이 아니다. 아마도 이런 욕구는 자기 확신이 투철한 사람을 예외로 한다면 아주 일반적인 현상이다. 예를 들어보자. 인생에서 중대한 결정을 내려야 할 때, 사람들 대부분은 어떻게 해야 할지를 정하지 못하고 노심초사한다. 자칫 잘못된 결정을 내릴까 불안해하기 때문이다. 그래서 누군가 자신이 믿고 따를 수 있는 절대적 권력을 가진 존재가 있다면 대신 결정해 주길 원한다. 대학 입학 때 학과 선택을 두고 고민해 본 사람이나, 대학 졸업 때 진로 선택을 두고 고민해 본 사람이라면 누구나 한 번쯤 이런 욕구를 가졌을 것이다.

중세 유럽은 기독교가 지배하던 시대였다. 이 시대 사람들은 기독교를 통해 인생의 의미를 알고, 어떻게 살아야 구원받을 수 있는지도 알게 되었다. 이 시대 사람이라면 누구나 교회에 소속되어 있었다. 기독교는 어느 한 사람만 믿는 것이 아니라, 이 시대 사람이라면 누구나 다 믿었다. 따라서 이 시대 사람은 삶의 의미나 인생의 목적을 두고 고민하지 않았다. 그렇기에 중세인이 어떻게 살아야 할지 삶의 확신이 없어서 심리적 불안감에 빠지는 일은 드물었다. 오히려 심리적 불안감에 빠진다면, 이는 믿음이 부족한 탓이고, 모든 사람이 믿고 따르는 것을 거역한 결과다.

중세 유럽은 또한 신분질서가 지배하던 사회였다. 이 시대 사람에게는 자신이 왕, 귀족, 기사, 농노 등 어느 신분에 속하느냐에 따라 직업이나 사회적 역할이 결정된다. 다시 말해 무엇을 하며 살 것인가가 신분을 통해 결정된다. 이런 점에서 중세인은 장래 진로를 두고, 다시 말해 무엇을 하며 살 것인가를 두고 고민하지 않았다. 오히려 이를 고민한다면 이는 신분질서를 거부하는 것이나 마찬가지였다. 이런 점에서 중세인은 자신의 직업이나 사회적 역할을 선택할 때 겪는 심리적 불안감에 대해 알지 못한다.

중세 유럽은 봉건제도가 지배하던 사회였다. 이 시대의 지배계급인 왕, 귀족, 기사들은 서로 위계적 질서를 형성하고 있을 뿐만 아니라, 각기 자신의 영지를 갖고 있다. 그리고 나머지 사람들 대부분은 장원이라 불리는 이 영지에서 조상 대대로 농노로 산다. 농노들은 영주에게 예속된 신분이지만, 이 장원 내에서 공유와 협력의 공동체를 형성하며 살았다. 이들은 집과 뜰, 자신의 보유지에서 나오는 수확물은 개별적으로 소유하지만, 목초지와 숲을 공유하면서 함께 땅을 갈고, 함께 추수하고, 함께 탈곡하며, 함께 가축을 돌보는 것이 일상화되었다. 그렇기에 이들은 밀접한 유대 관계 속에서 살면서 심리적 안정감을 누릴 수 있었다.

이렇게 볼 때 중세인은 교회제도, 신분제도, 봉건제도

가 만들어 낸 거대한 사회 질서의 한 부분으로 자신을 인식했으며, 태어날 때부터 이미 정해진 삶의 의미와 사회적 역할에 대한 확신 속에서 공동체적 유대를 형성하며 살았다. 물론 이런 제도들은 개인의 삶을 구속하고 억압한다. 중세인은 교회가 강요한 구원의 삶 이외의 어떠한 다른 삶도 꿈꿀 수 없었으며, 피지배층에게 신분이란 자신을 억누르는 족쇄였다. 마찬가지로 장원에서 형성된 공유와 협력의 공동체 역시 영주에게 수탈당하는 농노들의 자구책에 불과했는지도 모른다. 그러나 이들에게는 프롬이 말하는 심리적 불안감은 꽤 낯선 것이었다.

불안한 현대인

현대인은 이들과 다르다. 현대는 교회제도, 신분제도, 봉건제도가 붕괴한 새로운 시대이다. 현대인은 거대한 사회 질서나, 교회, 신분, 장원의 한 부분이라기보다 이로부터 해방된 자유로운 존재이며, 동시에 이로부터 독립된 개인이다. 현대인에게는 삶의 의미나 목적을 강요할 교회도 없고, 직업과 사회적 역할을 정해놓은 신분도 없고, 일평생 머물러야 할 장원도 없다. 현대인은 무엇을 위해, 무엇을 하며, 어디에 사느냐 하는 인생의 모든 문제를 스스로 정해야 한다. 그러나 여기에 문제가 있다. 현대인에게는 자신이 내린 인생의 결정이 과연 올바른 것인지 이를 보증해 줄 그 어떤 객관적 토대도 존재하지 않는다. 그렇기에 현대인은 누구나 삶의 확신을 갖지 못하고, 심리적 불안감에 빠질 수 있다. 현대인의 삶은 그래서 힘들다. 그렇기 때문에 현대인은 자유를 포기하고 절대적 권력자를 갈망하며 이에 복종하려고 한다.

바로 이런 심리 상태 때문에 현대사회에서는 사람들이 아무리 신을 부정해도 신의 귀환이 이루어진다. 권위주의적 종교의 등장은 이를 보여주는 대표적 증거이다. 마틴 루터는 중세 유럽을 지배하던 교회와 성직자 권력에 맞서 오직 개인의 신앙을 통해서만 구원에 이를 수 있음을 선포하였다. 다시 말해 인간은 교회와 성직자를 통해 구원에 이르는 것이 아니라, 신 앞에서 홀로 선 단독자로서 오직 신과의 일대일 만남에서 형성된 신앙을 통해 구원에 이른다는 것이다. 그러나 신앙은 너무나 주관적 체험이기 때문에 자신이 과연 구원을 받을지 확신하지 못한다. 그렇기에 사람들이 구원을 객관적으로 보증해 줄 어떤 절대적 권력자를 원하게 된다. 권위주의적 종교가 바로 이런 역할을 해준다. 권위주의적 종교는 전지전능한 절대적 권력자로서의 신이나 어떤 절대적 존재를 만들어낸다. 그리고 이런 종교의 성직자들은 절대적 존재의 대리인으로서 절대적 권력을 행사하며 구원의 확신을 준다. 그리고 사람들은 이런 권력자에게 복종하며 구원의 보증을 얻는다.

사도-마조히즘

현대인이 권위주의적 종교만을 원하는 것은 아니다. 현대인은 신과 같이 절대적 권력을 갖는 많은 우상을 만들어 놓고 이에 복종한다. 그렇기에 오늘날 같은 민주주의 사회에서도 사람들은 정치적 영역에서 절대적 권력을 갈망한다. 따라서 민주주의 체제가 형성된 이후에 다시 독재 정권이 들어선다. 2차 대전을 일으킨 나치 정권의 등장이 그 대표적 사례이며, 21세기에도 유럽 곳곳에서 극우 정당이 발호한다. 특히 경기 침체로 미래가 불투명해지면서 국민의 삶이 불안해지면 독재 정권에 대한 향수가 증폭된다. 우리나라에서 흔히 아스팔트 우파라고 불리는 정치 세력의 집회 장면은 매우 함축적이다. 이들 중 많은 사람은 군복을 입고 성조기를 들고나온다. 왜 그럴까? 이들은 총칼을 든 군대나 세계 최강국 미국처럼 뭔가 강한 것, 절대적 권력을 원하는 것이 아닐까?

경제적 영역에서도 마찬가지이다. 오늘날 자유시장 경제를 지탱하는 핵심 원칙은 자유 경쟁이다. 자유 경쟁을 통해 생산성이 향상되면 모든 사회구성원의 삶이 풍족해진다는 논리 때문이다. 그런데 자유 경쟁은 어느덧 거대 자본의 등장으로 실종되고 만다. 이 거대 자본은 절대적 권력자로서 중소기업에 횡포를 부리고, 소비자에게도 독점 권력을 행사한다. 그 결과 모든 국민이 잘살게 되는 것이 아니라, 거대 자본에 기생해서 이익을 나눠 갖는 사람과 거대 자본에 착취당하는 사람이 나타난다. 그러나 이들 중엔 이러한 양극화에 저항하기보다, 거대 자본을 숭상하며 여기에 복종하는 사람이 많다. 경제적 취약계층이 거대 자본을 상징하는 재벌기업 걱정을 한다. 소득과 재산이 많은 사람은 그만큼 이익을 봤으니 세금을 많이 내야 하고, 이를 통해 취약계층에 대한 보호가 이루어질 수 있다. 그런데도 이들은 재벌 감세를 옹호한다. 양극화 현상이 고착화하고, 부모의 재산이 자식에게 대물림 되면, 어느덧 우리는 중세처럼 새로운 신분 사회에서 살게 될지도 모른다.

심리적 불안감에 휩싸인 사람들은 일상생활에서도 그 것이 무엇이든 강한 권력을 가진 존재를 원하고 이에 복종하려 하며, 극단적인 경우 '사도-마조히즘'이라는 신경증적 증상을 보인다. 사디즘은 타인을 완전히 지배하고 무력화하려는 경향이고, 마조히즘은 자신을 완전히 부정하고 타인에게 복종하려는 경향이다. 그렇기에 사디즘에 빠진 사람은 타인을 학대하지만, 반대로 마조히즘에 빠진 사람은 자기 학대적이다. 이렇게 이 두 성향은 달라 보이지만, 이 두 성향 모두 심리적 불안감에서 비롯된 것이다. 심리적 불안감이 너무 크면 불안감에 사로잡힌 자신을 부정하면서 이를 해소할 수 있다. 마찬가지로 심리적 불안감 너무 크면 타인을 자신에게 복종시킴으로써 자기 확증을 얻으려 할 수도 있다.

왜 이렇게 살아야 할까? 자유를 포기하고 절대적 권력자에게 복종하면, 진정 삶이 행복해지고, 진정 심리적 안정감을 누릴 수 있을까? 절대적 권력자에게 대한 복종은 자아 상실과 무력감으로 이어지고, 이는 더 강력한 권력자를 원하고, 그 결과 무력감이 더 커지는 악순환에 빠진다. 그리고 누군가를 학대하고, 누군가에게 학대당하면 폭력이 남발하고, 결국 두 사람의 인생 모두 파멸로 이어진다. 왜 이렇게 살아야 할까? 어떻게 보면 현대인은 교회, 신분, 장원에 묶여 살던 중세인보다 더 자유가 없는 것 같다. 그러나 이는 태어날 때부터 정해진 구속이 아니라, 현대인 스스로 원한 것이다.

중세인은 유일신을 섬겼지만, 현대인은 다수의 신을 섬기고 있다. 현대인의 심리적 불안감이 증폭되면 절대적 권력을 행사하는 더 많은 신, 아니 더 많은 우상이 생길지도 모른다. 그러나 이젠 심리적 불안감에서 벗어날 다른 길을 찾아야 하는 것이 아닐까? 니힐리스트처럼 인간이 만들어 낸 우상들이 다 헛됨을 자각하고, 자신을 창조하며, 자신의 무한한 잠재력을 발산하며 살 수는 없을까? 그리고 사람들이 각기 자기 창조적 삶을 살도록 함께 고민하고 서로를 격려할 수는 없을까? 그리고 이를 통해 심리적 안정감을 찾을 수는 없을까?

양극화 현상이 고착화하고, 부모의 재산이 자식에게 대물림 되면, 어느덧 우리
는 중세처럼 새로운 신분 사회에서 살게 될지도 모른다.

제3장

갓생갓사

갓생?

중학교 다니는 딸이 '갓생'을 선언했다. 그것도 저 무서운 중2의 선언이었다. 갓생이란 말도 낯설지만, 갓생이라고 선언한 내용도 낯설었다. 우선 갓생은 신이라는 뜻의 영어 God과 삶이라는 뜻의 한자어 생(生)이 결합한 말이다. 그렇다면 갓생은 무언가 신과 같은 삶을 말하는 걸까? 내 딸이 선언한 갓생의 내용을 보면 갓(God)이라는 말을 붙이기에는 왠지 어색했다. 이번 방학 때부터는 6시에 일어나서, 운동하고, 독서 한다! 이게 갓생의 전부다. 별로 특별한 것도, 아무런 신의 흔적도 찾을 수 없었다. 그리고 그 갓생도 1주일 하더니, 뭐 때문에 일찍 일어나야 하는지 모르겠다며 그냥 접었다. 잠시 갓생(生)하다가, 갓사(死)하고 말았다.

DAUM 백과를 찾아보면, 갓생이란 말이 나온다. 주로 MZ세대가 사용하는 신조어라고 나온다. 이번 프로젝트 망쳤지만, 다음 프로젝트는 갓생! 이번 학기 망쳤지만, 다음 학기는 갓생! 이런 식으로 사용된다. 표면적 의미만 생각하면, 다음에 잘해보겠다는 뜻. 그리고 잘해보겠다는 결심의 내용은 대부분 소박하다. 모닝 미라클, 운동, 독서, 학습, 규칙적 생활 등 큰 뜻과 포부를 말하는 게 아니라, 좋은 습관들이기, 계획 짜보기 정도다. 어떻게 보면 성실하게 살자는 결심인 것 같고, 일종의 라이프 스타일로 말한다면, 자기관리형이라고나 할까. 물론 갓생은 누구나 다 하는 것은 아니다. 갓생을 피곤해하는 사람도 있고, 그저 사는 대로 살겠다는 사람도 있다. 어떤 사람은 요즘처럼 힘든 세상에 살아있는 것 자체가 갓생이라고 말하기도 한다.

나도 중학교 다닐 때 방학 때면 아침 일찍 일어나 운동도 하고, 규칙적으로 공부도 하고, 매일 영어단어 외우고. 이런 결심을 한 적이 있긴 하다. 더구나 초등학교

때를 생각해 보면 방학 시작할 때, 개학할 때 거의 매번 생활계획표를 짰다. 그러나 내 기억에 이런 결심이 지켜진 적은 없었던 것 같다. 솔직히 말해서 왜 그렇게 생활해야 하는지 뚜렷한 동기가 없었다. 막연히 몸 튼튼하고, 공부 잘하면 좋은 것 아니냐는 정도. 그저 사람들이 좋다고 하니 나도 해야 하는 것 아니냐는 정도로 생각했던 것 같다.

그런데 나는 사춘기를 겪으면서 니힐리즘 비슷한 고민에 빠졌고, 인간의 삶에 대해 이전과는 다르게 생각하기 시작했다. 도대체 한도 끝도 알 수 없는, 그렇기에 무한하다고밖에 말할 수 없는 이 우주는 왜 있는 것일까? 다시 말해 왜 무가 아니라, 존재일까? 그리고 무한한 우주에서 바닷가 모래알보다 작은 이 지구가 마치 우주 전체라도 되는 양, 그리고 이런 지구의 중심이 마치 자기 자신이라도 되는 양 서로 아귀다툼하며 싸우는 인간의 모습은 또 뭔가? 이런 생각에 빠질 때면 한편으로 세계와 나의 존재 자체가 불가사의로 느껴졌지만, 다른 한편 세상만사가 어이없고 우스워 보였다. 이런 정신 상태에서 열심히 살고, 성실하게 살고, 타의 모범이 되는 삶, 혹은 공부 잘해서 좋은 대학 가고, 이른바 훌륭한 사람이 되는 것. 이런 말들은 공감은커녕 반발심만 불러일으켰다.

니체의 후예, 사르트르

그럼 어떻게 살아야지? 그 시절 나는 자기 창조적 삶
을 강조한 니체의 주장에 귀가 솔깃했다. 인간이 살아
야 할 아무런 이유도 목적도 없지만, 죽어야 할 이유도
없다면, 내 인생 내가 만들어야 하는 것 아닌가? 그러
나 니체의 주장이 나도 한번 이렇게 살아 봐야지 하는
생각으로까지 이어진 것은 아니다. 니체가 말하는 자기
창조적 삶은 초인의 삶과 뒤섞여 있었다. 사실 이 둘은
같은 것이지만, '초인'이라는 단어는 어감상 뭔가 평범
한 사람으로서는 범접하기 어려운 경지라는 인상을 주
었다.

그런데 이런 주저함을 넘어서 나도 한번 자기 창조적
으로 살아 봐야지 이런 생각을 하게 된 것은 사르트르
때문이다. 나는 고등학교 시절 방영되었던 EBS의 '사상
가의 시간' 프로그램에서 니체를 알게 되었고, 같은 프
로그램에서 니체의 후예로 소개된 사르트르도 알게 되
었다. 그런데 사르트르는 같은 이야기를 하지만 니체와

는 다른 면이 있었다. 그는 자기 창조적 삶을 초인이라는 범접하기 어려운 경지가 아니라, 우리같이 평범한 사람들의 일인 것처럼 말하는 것 같았다. 그리고 그의 삶 자체가 실제 사례를 보여주는 것 같았다.

사르트르는 프랑스 철학자로서 실존주의의 창시자라고 일컬어진다. 그런데 내가 고등학교 시절 알게 된 사르트르는 너무나 어려운 철학자였다. 당시에 그의 주저인 「존재와 무」를 읽는다는 것은 불가능한 일이었다. 그렇다고 그의 소설 「구토」나 「말」을 읽는 것도 어려웠다. 지금에 와서 생각해 보면, 철학책들은 그 내용이 어렵다. 그런데 외국어를 한국어로 번역한 것이기 때문에 더 어려운 경우가 많다. 어떻게 보면 이는 불가피한 일이지만, 좋은 번역을 찾는다면 그만큼 철학책은 쉽게 읽힐 수 있다. 어찌 되었건 사르트르에 관한 관심은 컸지만, 그의 사상을 이해한다는 것은 쉬운 일이 아니었다. 그렇기에 그의 저서보다는 그의 철학에 관한 해설이나 그의 생애에 눈길이 갈 수밖에 없었다.

사르트르는 대학을 졸업한 후 몇몇 고등학교에서 철학 교사로 근무하기도 했지만, 그는 평생 전업 작가로 활동했다. 철학적 저작을 많이 썼고 실존주의라는 새로운 철학의 유파를 창시했기에 철학자라고 불리지만, 그는 소설도 쓰고 희곡도 쓴 문학가였으며, 동시에 문학비평가이기도 했다. 그러나 여기에 머물지 않는다. 그는 〈현대〉라는 잡지를 창간했고, 사회정치운동가로 활약하기도 했다. 그는 2차대전 당시 '사회주의와 자유'라는 조직을 만들어 레지스탕스 운동에 가담했고, 2차대전 이후에는 '민주혁명연합'이라는 조직을 결성하여 미국과 구소련에 저항하는 정치 운동을 펼쳤다. 그런가 하면 프랑스인인 사르트르는 프랑스 식민지였던 알제리의 독립전쟁을 지지하여 정치적 탄압을 받기도 했고, 프랑스 68운동의 지도자로 명성을 얻었는가 하면, 베트남 전쟁 당시 난민 구조 운동에 참여하기도 했다.

이렇게 사르트르는 파란만장한 삶을 살았지만, 내가 사르트르를 처음 알게 된 시절 그의 생애 중 특히 마음에 남았던 것은 두 가지 사실이었다. 사르트르는 1964년 노벨 문학상 수상자로 결정되었지만, 이를 거부하였다. 그 이유는 자신의 활동이 제도권화 되는 것을 꺼렸기 때문이라고 한다. 아마도 그는 자신의 철학이나 문학이 뭔가 정형화된 모습으로 박제되는 것을 싫어했던 것 같다. 그러나 노벨상 같은 최고의 명예를 거절할 사람이 과연 얼마나 될까? 사르트르 역시 명예욕이 없는 사람은 아니었을 것이다. 하지만 사르트르는 명예를 얻을 기회를 잃는 것보다 자신의 삶이 고착화하여 역으로 자기 자신을 구속하는 것을 더 견딜 수 없었던 것 같다.

보부아르와 계약결혼

또 다른 사실은 시몬느 보부아르와의 관계이다. 사르트르는 그의 나이 24세였던 1929년 보부아르를 만났고, 그녀와 '계약 결혼'을 했다. 계약 결혼이라고? 사르트르의 계약 결혼은 말이 결혼이지 혼인신고하고 서로 부부가 되어 한집에 살면서 아이 낳고 가정을 꾸리는 것을 의미하지 않는다. 그렇다고 계약 결혼이 특정한 계약 조건을 걸고 동거하거나 무슨 실험적 부부관계 같은 것을 추구한 것도 아니다. 사르트르와 보부아르는 함께 살지 않았다. 이들은 만나고 싶을 때 만났다. 다만 이들은 결혼이라는 말을 통해 서로에 대한 사랑이 필연적임을 확인했다. 그래서 이들은 특별한 관계가 되었지만, 이것도 흔히 연인이나 부부관계에서 나타나는 배타적 관계를 의미하는 것은 아니었다. 이들의 표현을 빌자면, 두 사람은 '우연적 사랑'도 허용한다는 데 동의

했다. 이것이 사르트르와 보부아르가 특별한 관계가 되는 유일한 계약 조건이라면 조건이었다. 그래서 그런지 사르트르나 보부아르나 여성 편력, 남성 편력이라는 말이 나올 정도로 서로에게 구속됨 없이 여러 사람과 자유롭게 연애를 했다고 한다.

사르트르와 보부아르의 계약 결혼은 결혼이란 말에서 느끼는 남녀관계 이상이었다. 이들이 다른 사람과 겪은 수많은 연애 관계와 비교해 보아도 특별한 점이 있었다. 그것은 각자의 독립성을 존중하는 가운데 이루어진 정신적 교류이다. 이들은 서로의 생각과 저술에 대해 항상 토론하고 비판했다. '나보다 나를 더 잘 아는 사람'이라든지 '출판허가자'라고 할 정도로 이들은 서로를 깊게 이해하면서도 존중했고, 또한 정신적으로 힘들어할 때 서로를 격려하면서 서로의 문학과 철학을 형성하는 데 지대한 영향을 끼쳤다.

노벨상을 거부하고, 거기에다가 계약 결혼까지. 분명 이렇게 행동하는 사르트르에게는 인간의 삶이 따라야 할 어떤 절대적 가치, 이런 것은 없었다. 이런 점에서 나는 사르트르에게서 세상만사 모든 것의 가치를 스스로 정하고, 자기 자신의 삶도 창조하는 니힐리스트의 전형을 보았다. 사르트르에게 볼 수 있는 자기 창조적 삶은 골방에 갇힌 은둔자의 생활도, 현실에 지친 신경 쇠약자의 반항도, 삶과 무관한 단순한 몽상가의 상상도 아니었다. 그는 자신의 삶만을 만들어나간 것이 아니라, 사회정치적 운동에도 적극적으로 참여했다. 사르트르에게는 인생이나 사회나 다 창조의 대상이었다.

실존은 본질에 앞선다

그렇다면 사르트르는 왜 이처럼 무엇에도 얽매이지 않고 자기 창조적인 삶을 살고자 했을까? 이에 대한 답은 그의 실존주의 철학의 핵심 주장인 '실존은 본질에 앞선다'라는 말에 있다. 여기서 실존이란 말을 실제로 존재한다는 뜻 정도로 생각해 보자. 그리고 본질이란 말역시 어떤 존재의 핵심적 특징이라고 간단히 생각해보자. 그렇다면 이 말은 어떤 것이든 먼저 존재하고, 그다음에 핵심적 특징이 생긴다는 뜻이 된다. 이와 반대의 경우도 생각해 보자. '본질은 실존에 앞선다'가 바로 그것이다. 이는 핵심적 특징이 먼저 있고, 그다음에야 실제로 존재한다는 뜻이다. 이 둘 중 어떤 말이 맞을까?

인간에 대해 생각해 보자. 인간은 먼저 실존하고, 그다음에 핵심적 특징이 생길까? 아니면 핵심적 특징이 먼저 있고, 그다음에 실존하게 된 걸까? 이 둘은 엄청난 차이를 함축하고 있다. 만약 세계 만물의 창조자인 신이 존재한다면, 신은 먼저 자신이 창조할 세계를 구상하고, 그다음에 이 구상에 따라 세계를 창조했을 것이다. 인간 역시 신의 창조물이라면, 신은 인간의 핵심적 특징을 구상하고, 이 구상에 따라 인간을 창조했을 것이다. 따라서 인간에게는 본질이 실존에 앞선다. 그렇다면 반대로 실존이 먼저 있고, 그다음에 핵심적 특징이 생겼다고 말한다면 이것은 무슨 뜻일까? 이것은 창조자인 신이 없다는 뜻 아닌가? 그렇다면 인간의 핵심적 특징, 개개인으로 보면, 개개 인간의 핵심적 특징은 어떻게 생긴 것일까? 그것은 신이 아니라, 바로 인간 자신이 만들어낸 것이다.

그렇다. 사르트르는 '실존은 본질에 앞선다'라는 말로 창조자 신을 부정한 것이다. 그리고 이제 인간은 자기 자신의 핵심적 특징을 만들어내는 자기 자신에 대한 창조자임을 주장한 것이다. 그러면 인간 이외에 이 세계에 존재하는 사물들은 어떻게 된 것일까? 창조자 신이 없다면, 사물들도 존재가 먼저이다. 그렇다면 사물의 핵심적 특징은 어떻게 생길까? 사르트르는 이 세계에 존재하는 사물에 어떤 핵심적 특징, 본질이 내재해 있다고 생각하지 않는다. 이 세계에 존재하는 사물이 어떤 존재인가 하는 것은 바로 인간이 규정한다. 인간이 자신의 삶과 관련하여 이 세계에 존재하는 사물들이 어떤 의미와 가치를 갖는지 인간 스스로 정한다. 그렇다. 사르트르는 '실존은 본질에 앞선다'라는 말을 통해 인간이 바로 세상만사의 의미와 가치를 스스로 정하고, 자신의 삶마저 창조하는 신적인 존재임을 주장한 것이다. 그렇기에 그의 인생 역시 그가 만들어낸 작품일 뿐, 그 어떤 창조자가 따로 있는 것이 아니었다. 사르트르는 자신이 자기 인생의 창조자임을 철학을 통해 주장했을 뿐만 아니라, 자신의 삶을 통해 보여준 것이다.

그런데 사르트르의 주장처럼 자기 창조적 삶은 이 세계를 창조한 창조자 신이 없어야 가능한 일일까? 꼭 그런 것 같지는 않다. 성경의 〈창세기〉를 보면, 천지를 창조한 신은 자신의 형상대로 인간을 창조했다. 그리고 창조자 신은 인간에게 세상 모든 존재를 다스리라고 했다. 이 말을 어떻게 해석해야 할까? 인간이 이 세상을 다스리기 위해서는 적어도 자신의 관점에 따라 세상을 해석해야 하는 것은 아닐까? 다시 말해 인간은 자신이 중심이 되어 이 세상에 존재하는 모든 것의 의미와 가치를 스스로 정해야 하는 것은 아닐까? 인간에게는 분명 그런 능력이 있다. 인간은 창조자 신의 형상에 따라 창조되었기 때문이다. 다시 말해 인간에게도 창조자 신과 유사한 능력이 있다는 것이다. 물론 그렇다고 해서 인간이 이 세계를 창조했다는 것은 아니다. 이런 점에서 인간은 신과 분명히 다르다. 그러나 인간이 비록 이 세계를 창조한 것은 아니지만, 신이 창조한 이 세계의 의미와 가치를 창조하는 것은 인간의 몫이고, 이는 신의 명령이기도 하다.

요즘 사람들이 말하는 갓생은 모닝 미라클이나 운동, 규칙적 생활 등 좋은 습관들이기, 계획 짜보기 정도이지만, 여기에는 자기관리의 욕구가 담겨 있다. 내가 나를 관리한다는 것이 무슨 뜻일까? 이는 창조자 신이 인간에게 이 세상을 다르리라고 했듯이 나 자신을 다스리겠다는 것 아닌가? 그러므로 갓생은 내가 내 인생의 창조자요, 바로 내가 내 인생의 신이라는 의미를 내포하고 있다. 그렇다면 이제 갓생을 더 넓혀볼 수는 없을까? 아침에 일어나고, 일과를 짜는 것만이 아니라, 내 인생 전체를 내가 관리하고, 창조할 수는 없을까? 사르트르는 창조자 신을 부정하면서 인간이 자기 삶의 창조자가 되라고 말하지만, 신이 존재하는가, 그렇지 않은가는 이와 무관하다.

갓생갓사, 내 인생에 대해 내가 갓인 것처럼 살고, 내 인생에 대해 내가 갓인 것처럼 죽을 수는 없을까?

사르트르는 왜 이처럼 무엇에도 얽매이지 않고 자기 창조적인 삶을 살고자 했을까? 이에 대한 답은 그의 실존주의 철학의 핵심 주장인 '실존은 본질에 앞선다'에 있다.

제4장

타인의 시선

니힐리스트로서 절망하지 않고, 자기 창조적 삶을 산다
는 것은 쉬운 일이 아니다. 그러나 우리 각자가 자기 삶
의 주권자로서 자기 창조적 삶을 산다면 그만큼 개개
인의 자율성이 확대하고, 그만큼 사회도 다양해진다.
하지만 실제로 현대사회에서 개개인의 삶은 그렇게 다
양하지 않다. 오늘날 사회가 누구에게나 자율적 삶을
보장한다지만, 자기 삶의 방식을 자율적으로 결정하려
는 현대인의 의지가 그렇게 큰 것 같지도 않다. 앞장에
서 살펴본 것처럼, 삶의 의미에 대한 확신 결여로 불안
한 삶을 사는 현대인은 자기 창조적으로 되기보다는
무언가 확실한 것에 의존하려고 하기 때문이다. 하지만

이것만이 아니다. '타인의 시선'에도 그 이유가 있다.

열쇠 구멍으로 엿보기

「존재와 무」라는 책은 사르트르의 대표적 철학 저작으로 손꼽힌다. 내가 이 책을 처음 접한 것은 사춘기 때였다. 하지만 그때 나는 이 책의 한 문장도 이해할 수 없었다. 그러나 이 책을 이해할 수 없었던 것은 당시 나의 이해력 수준이 낮았기 때문만은 아니다. 이 책은 철학을 전공한 사람도 이해하기 어려운 난해한 책이다. 그래서 그랬는지 사람들은 이 책의 무게가 딱 1kg이라서 이를 읽기보다 저울추로 사용했다는 일화도 있다. 이런 「존재와 무」의 제3부 1장에서 사르트르는 '타인의 시선'이 우리에게 어떤 의미가 있는지를 설명한다.

지금 한 사람이 열쇠 구멍을 통해 방에 있는 누군가를 엿보고 있다. 사르트르는 이 사람이 질투심에 불타서, 아니면 호기심이 일어나, 그것도 아니면 못된 버릇이 고개를 쳐들어 귀를 쫑긋 세운 채 문 열쇠 구멍으로 방 안을 엿보고 있다고 묘사한다. 그런데 갑자기 복도에서 발소리가 들려 왔다. 순간 이 사람은 자신에게 '타인의

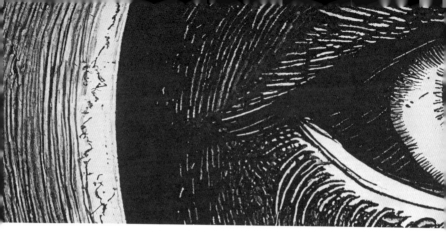

시선'이 향하고 있음을 알아챘다. 이 사람은 자신이 열쇠 구멍을 통해 누군가를 훔쳐보는 것을 들킨 것이다.

열쇠 구멍을 통해 훔쳐보기를 한 이 사람은 순간 무엇을 느꼈을까? 수치심이다! 하지만 아무도 그를 보지 않았다면, 과연 수치심을 느꼈을까? 아마도 이 사람은 수치심은커녕 못된 짓을 계속하고 있었을지도 모른다. 사르트르는 우리가 수치스러운 짓을 저질렀기 때문에 수치심을 느끼는 것이 아니라, 우리가 수치스러운 짓을 저지르는 것을 누가 본다고 느낄 때 수치심도 느낀다고 생각했다. 이런 점에서 수치심은 우리가 우리 자신에 대해 느끼는 감정이지만, 이는 타인 앞에서 느끼는 감정, 즉 타인의 시선이 매개된 감정이다. 왜 그럴까?

사르트르는 사물과 구별되는 인간의 핵심적 특징을 '의식'으로 본다. 인간은 자신과 자신 이외의 존재를 의식할 수 있다. 그러나 사물은 아무런 의식 없이 그냥 존재할 뿐이기 때문이다. 그렇다면 무언가를 의식한다는 것은 무슨 뜻일까? 내가 공원을 둘러 본다고 생각해 보자. 나는 의식의 주체로서 공원에 존재하는 개개의 사물을 의식하면서 나의 관점에서 이들 각각의 의미를 규정한다. 이것은 나무이고, 이것은 잔디이며, 이것은 벤치이다. 이 나무는 곧고 멋있지만 내게 알레르기 반응을 일으키는 자작나무이니 가까이 가지 말아야 한다. 이 잔디의 색은 매우 푸르지만 아직 뿌리가 깊지 않아 밟고 다니면 안 된다. 이 벤치는 앉기에 편하지만 어제 온 비 때문에 아직 젖어있어 앉지 않는 것이 좋겠다, 등

등. 나는 나에게 보이는 사물들을 의식하며 이들이 나에게 어떤 의미가 있는지를 규정한다. 이런 점에서 비록 내가 이 사물들을 창조한 것은 아니지만 그 의미는 창조한 셈이다. 따라서 나는 의식의 주체로서 내가 만든 의미 세계의 창조자이며, 이 세계를 구성하는 사물들은 나의 의식의 대상이며, 의식의 주체인 내가 그 의미를 부여한 객체들이다.

주체-객체 관계

이렇게 볼 때 의식적 존재인 인간은 의식을 통해 자기 주변의 사물들과 주체-객체 관계를 형성하고, 이 사물들에 의미를 부여하면서 자신의 세계를 창조한다. 그런데 내가 공원을 둘러보고 있을 때, 갑자기 공원 입구에 어떤 사람이 나타났다고 생각해 보자. 분명히 이 사람도 인간이라는 점에서 나와 마찬가지로 사물을 의식할 수 있는 의식의 주체이다. 그렇다면 나와 이 사람의 관계는 어떤 관계일까? 사실 이 사람 역시 의식의 주체이지만 나와 이 사람과의 관계는 나와 사물들의 관계처럼 주체-객체 관계이다. 내가 이 사람을 볼 때 의식의 주체인 나는 여타의 사물과 마찬가지로 이 사람이 나에게 어떤 의미가 있는지를 규정한다. 이 사람은 나에게 점잖고 기품 있어 보이는 사람일 수도 있고, 혐오감을 불러일으키는 사람일 수 있다. 내가 그를 바라본다면, 그가 누구이든 이 사람은 여타의 사물들과 마찬가지로 나의 의식의 대상이고, 내가 그 의미를 부여하는 객체일 뿐이다. 따라서 이 사람도 내 주변의 사물과 마찬가지로 내가 창조한 세계를 구성하는 한 요소일 뿐이다. 그러나 반대로 이 사람이 나를 바라보며 나를 의식한다면, 나 역시 이 사람에게는 의식의 주체가 아니라, 한낱 의식의 대상이자, 객체일 뿐이다. 의식의 주체는 다른 인간, 즉 다른 의식의 주체를 의식할 때, 그의 의식을 의식하는 것이 아니라, 그를 사물처럼 하나의 객체로 의식하기 때문이다.

열쇠 구멍을 통해 훔쳐보기를 하던 사람이 타인이 자신을 보고 있음을 느끼는 순간 수치심을 느낀 이유는 주체-객체 관계와 연관이 있다. 사르트르는 그 이유를 무엇보다도 인간의 주체성 상실, 즉 사물들에 의미를 부여하며 자신의 세계를 창조하는 주권적 지위의 상실에서 찾는다. 즉 내가 타인의 시선에 사로잡히면서 그의 의식의 대상이 된다는 것은 그 순간 내가 나의 세계의 창조자라는 주권적 지위를 잃고, 타인이 마음대로 만들어낸 그의 세계를 구성하는 일개 사물로 전락한다는 것과 같다. 따라서 이 순간 내가 어떤 존재인가는 전적으로 타인에 의해 규정되고, 나는 그저 타인이 규정한 모습으로 고착화한다. 사르트르는 이렇게 누군가에 의해 속수무책으로 자신의 존재가 마음대로 규정되는 상황이 수치심을 준다고 본다.

다르게도 설명할 수 있다. 내가 타인의 시선에 사로잡힌 순간 나의 모든 것이 타인에게 드러날 수밖에 없다. 타인은 나의 모든 것을 살펴볼 수 있고, 나의 모든 것을 마음대로 재단할 수 있다. 이렇게 되면 나의 치부가 드러날 수도 있고, 타인은 나를 냉혹하게 평가할지도 모른다. 그러나 타인에게 한낱 의식의 대상으로 전락하여 사물처럼 취급되는 나로서는 나의 치부에 대해 아무런 변명도 할 수 없다. 내가 타인의 시선에 사로잡힌 순간 나는 그저 하나의 사물일 뿐이기 때문이다. 어느 낯선 사람이 벌거벗은 나를 바라보고 있는 상황도 그렇다. 이런 상황이라면 누군들 수치심을 느끼지 않을 수 없다. 이 낯선 사람은 옷을 입고 있어서 자신을 가리지만, 벌거벗은 나는 나의 모든 것을 드러낼 수밖에 없다. 옷을 입고 있는 자는 나의 모든 것을 보지만, 벌거벗은 나는 모든 것이 드러나 있기에 그저 보이는 자일 뿐이다.

이런 상황에서 보이는 자가 느끼는 감정이 다름 아닌 수치심이다.

애덤 스미스의 공정한 관찰자

일상생활에서 우리는 타인의 시선을 자주 경험한다. 엘리베이터에서 낯선 사람을 만나거나, 지하철 의자에 앉아 맞은 편에 있는 사람을 볼 때, 그 사람의 시선이 부담스럽다. 그래서 가능한 그 사람의 시선을 피하려 하고, 그 사람의 시선 밖에 있으려 한다. 하지만 어머니가 사랑의 시선으로 나를 보고 있음을 느낄 때, 어머니의 시선은 부담스럽지 않다. 어린이집 재롱잔치에서 나의 딸이 무대 위에 서 있을 때, 나의 딸은 아빠와 엄마가 지켜보고 있음을 의식하면서 수치심이 아니라, 용기를 얻는다.

이렇게 보면 타인의 시선의 대상이 된다고 해서 꼭 수치심을 느끼는 것은 아니다. 누구의 시선이냐에 따라 수치심을 주기도 하고, 그렇지 않기도 한다. 그렇다면 어떤 타인의 시선이 나에게 수치심을 줄까? 근대 경제학의 아버지로 알려진 애덤 스미스의 설명은 이런 문제에 대해 시사하는 바가 크다. 물론 경제학자가 수치심에 관해 이야기했다는 것은 다소 의외일 수 있다. 그러나 스미스는 스코틀랜드 글래스고 대학의 교수였지만, 경제학 교수가 아니라 도덕 철학 교수였다. 이때만해도 경제학은 아직 독립적 학문으로 정립되지 못했으며, 당시의 도덕 철학은 오늘날의 의미에서 신학, 윤리학, 경제학, 법학을 포괄하는 광범위한 학문 분야였다. 이런 이유에서 스미스의 2대 핵심 저서는 「국부론」과 함께 「도덕 감정론」이라는 철학책이다.

스미스에 따르면, 인간은 창조주인 신의 섭리에 따라 살도록 본성이 정해져 있고, 이 때문에 인간의 내면에는 신의 섭리가 도덕 법칙처럼 설정되어 있다. 수치심이란 이런 도덕 법칙을 어겼을 때 느끼는 심리적 고통이다. 그렇다면 인간의 본성은 무엇이고, 도덕 법칙은 또한 무엇일까? 스미스는 인간에게 타인의 슬픔을 보면 자신도 슬퍼하고, 타인의 기쁨을 보면 자신도 기뻐하는 공감 본성 있다고 본다. 그런데 공감 본성은 아무 때나 발휘되는 것이 아니다. 인간은 도덕적으로 선과 악을 구분하듯이 타인의 행동에 공감하기도, 반감을 품기도 한다. 그런데 공감 본성이 자신이 좋아하는 사람에게만 편파적으로 발휘된다면, 이를 도덕적이라고 평가할 수는 없다. 도덕이란 모든 사람에게 공정하게 적용되어야 하기 때문이다. 이런 점에서 스미스는 '공정한 관찰자'라는 가상의 인간을 도입한다. 즉 공정한 관찰자의 시각에서 공감 가능한 행동을 할 때 도덕적 행위가 되며, 타인에게 공감을 표할 때도 공정한 관찰자의 공감 가능성을 고려해야 한다는 것이다. 따라서 도덕 법칙을 어길 때 느끼는 수치심은 공정한 관찰자가 공감할 수 없는 행위를 할 때 느끼는 도덕적 자책감이다.

이렇게 본다면 스미스에게 '타인의 시선'이란 공정한 관찰자의 시선이지만 내가 실제로 겪는 타인의 시선은 항상 구체적인 개인의 시선인데, 가상적으로 설정된 공정한 관찰자의 시선을 어떻게 알 수 있을까? 더구나 공정한 관찰자에게 공감받는 행동이 무엇인지 알아야 이를 따를 수 있는 것 아닌가? 스미스는 사람들이 공감하거나 반감을 품었던 수많은 사례를 살펴보면, 어떤 행동이 보편적으로 공감을 얻는지 알 수 있다고 본다. 다시 말해 공정한 관찰자에게 공감받을 수 있는 행동이 무엇인지는 역사적으로 축적된 경험을 통해 알 수 있다는 것이다. 이런 점에서 공정한 관찰자의 시선은 흔

히 한 사회의 상식 속에 반영되어 있다. 스미스는 이러한 보편적 공감 가능성의 사례로 신중함, 정의, 자혜를 들기도 한다. 즉 우리가 건강, 재산, 명성을 추구할 때, 근면하고, 절도 있고, 예의 바르게 행동하며, 지속적인 안락을 위해 현재의 안락을 절제하고, 타인의 생명, 재산, 권리 등을 훼손하지 않으며, 더 나아가 타인의 행복을 증진하는 행동을 할 때, 공정한 관찰자로부터 공감받을 수 있다는 것이다.

지옥 같은 타인의 시선

그런데 공정한 관찰자로부터 공감받거나 안 받는 것이 개인에게 무슨 의미가 있기에 신중함, 정의, 자혜 등과 같은 행동을 수행하지 않을 때 수치심이라는 도덕적 자책감까지 느낄까? 이 지점에서 스미스는 타인의 시선을 사르트르와는 전혀 다르게 해석할 새로운 개념을 제시한다. 그것은 '타인의 인정'이다. 스미스에 따르면, 인간에게는 본성적으로 타인으로부터 존중할 만한 사람으로 인정받으려는 선한 열정이 있다. 따라서 인간은 타인으로부터 인정받을 때 행복감과 안도감을 느끼지만, 타인에게 경멸과 무시의 대상이 되는 것은 두려워한다. 이런 인정 욕망은 인간이 사회 속에서 타인과 함께 살기에 형성된 것이다. 타인이 없으면 개인에게 타인의 인정이 중요할 리가 없다. 스미스는 이런 인정 욕망 때문에 인간은 애정에 기초한 연대를 이루면 함께 살 수 있다고 본다.

그렇다. 인간은 타인으로부터 인정받기 위해 타인의 시선에 신경 쓰지 않을 수 없으며, 타인에게 인정받지 못하고, 경멸받을 때 수치심을 느낀다. 그러나 여기서 말하는 타인의 시선은 공정한 관찰자의 시선이며, 지금 나를 쳐다보는 구체적인 어떤 타인의 시선이 아니다. 그러나 나에게 이 타인도 상식 속에서 발견할 수 있는 공정한 관찰자의 시선을 알고 있다고 여겨지는 한, 이 타인은 공정한 관찰자로서 나를 바라보는 셈이다. 다시 말해 내가 타인의 시선을 느낄 때, 그는 자신의 특수한 관점에서 나를 보는 것이 아니라, 공정한 관찰자의 관점에서 나를 보면서 나를 인정할지 말지를 판단하는 사람으로 느껴진다는 것이다. 그리고 나 역시 상식이 있는 한 공정한 관찰자의 관점이 무엇인지도 안다. 지금 내 눈앞에 나타난 타인의 시선은 바로 이것을 나에게 일깨워준다. 따라서 내가 타인의 시선을 의식하며 수치심을 느낀다면, 그것은 내가 공정한 관찰자에게 인정받지 못할 존재라는 도덕적 자책감 때문이다.

그런데 우리의 상식 속에 녹아 있는 보편적 공감 가능성의 기준은 스미스가 지적한 신중함, 정의, 자혜만이 아니며, 어떻게 보면 그렇게 '공정한' 것도 아니다. 타인의 인정 여부를 결정하는 보편적 공감 가능성 기준은 시대에 따라 다르고, 사회가 병들었다면 그 기준 또한 건전하지 않다. 청결을 중시하는 사회에서는 불결한 나의 손을 누군가가 볼 때 나는 수치심을 느낀다. 명품을 애호하는 사회에서는 싸구려 내 옷을 누군가가 뚫어지게 쳐다볼 때 나는 수치심을 느낀다. 그리고 학벌에 따라 사람을 평가하는 사회에서는 그동안 숨겨왔던 나의 학벌을 누군가가 알아챌 때 나는 수치심을 느낀다. 다시 말해 사람들이 외모, 재산, 학벌 등을 통해 사람을 평가하는 것이 상식화되어 있다면, 이런 기준이 흡사 보편적 공감 가능성의 기준을 형성하고, 이러한 기준을 충족하지 못할 때 수치심을 느낀다는 것이다.

사르트르는 그의 희곡 「닫힌 방」에서 "지옥은 바로 타인들이야"라고 말했다. 타인들이 나를 한낱 사물처럼 의식의 객체로만 규정하려고 들 때, 나는 나의 주체성을 상실하고, 그의 눈앞에서 완전히 벌거벗은 느낌이 들지도 모른다. 아니면 내가 공정한 관찰자로부터 공감받지 못할 행동을 할 때, 누군가가 나를 바라보고 있다면, 나는 이를 나에 대한 경멸로 느끼며 수치심에 사로잡힐 것이다. 그러나 우리 사회에서 사람들이 선망하는 어떤 세속적 인간상을 기준으로 누군가 나를 볼 때도 나는 그의 시선 앞에서 수치심을 느낀다. 이 때문일까? 나는 나 자신을 창조하기보다 이들의 시선에 복종한다. 그들이 청결함을 원하면 나는 손을 닦을 것이오, 그들이 값비싼 옷을 원하면 나는 신용을 써서라도 명품 옷을 살 것이다. 나는 그들의 인정을 원하며, 그들이 나를 인정할 때만 나는 타인과 연대하며 살 수 있기 때문이다. 그러나 그들이 학벌을 원하고, 부를 원하고, 외모를 원할 때 이를 충족하지 못한 나는 수치심을 견디다 못해 절망 속에서 살지도 모른다. 그래서 그럴까? 사람들이 SNS를 통해 자신을 알릴 때에도, 자신이 바로 사람들이 선망하는 세속적 잣대에 가장 적합한 사람임을 과시하려는 것처럼 보인다. 이들은 자신이 원하는 것을 보여주는 것이 아니라, 타인이 원하는 것이 바로 자신임을 보여준다. 그리고 이들은 그것이 바로 자기 자신임을 인정받을 때 행복감을 느낀다.

타인의 시선은 니힐리스트에게도 지옥일 수 있다. 그들은 통속적인 잣대에 나를 얽어매고, 내가 이와 다르면 나를 경멸하고 무시하기 때문이다. 이런 타인의 시선에 복종하면 니힐리스트는 자기 삶의 주권자가 아니라, 그를 바라보는 타인이 그의 삶의 주권자가 된다. 따라서 자기 삶의 주권자로서 자기 창조적 삶을 살고자 하는 니힐리스트라면, 타인의 시선을 의식하지 말고, 이에 무관심하거나 초연해야 할까? 아니면 더 적극적으로 타인의 시선에 맞서야 할까?

제4부

니힐리스트로
산다는 것의 의미

제4부 니힐리스트로 산다는 것의 의미

제1장

인정 투쟁

사람들은 타인의 시선을 통해 자기 자신을 바라보기도 한다. 그렇기에 사람들은 타인의 시선이 자신을 비웃으며 손가락질하는 것처럼 느껴질 때, 이런 타인의 시선을 의식하며 스스로 자책에 빠져 수치심을 느낀다. 그런데 타인이 나를 보고 넌 왜 그렇게 생겼니, 넌 왜 그런 싸구려 옷을 입니, 넌 왜 그런 대학을 나왔니라고 말하는 것처럼 느껴질 때, 내가 나를 자책하며 수치심에 빠지는 것은 나 역시 그의 시각을 당연한 것처럼 여기기 때문이다. 이런 점에서 수치심을 느끼는 나는 타인의 특수한 시선 속에 반영된, 그와 내가 공유한 일반화된 시선에 포획된 것이다. 그리고 이때 나는 타인이 이런 일반화된 시선을 통해 마음대로 규정하고 평가할 수 있는 일개 사물로 전락한다. 사르트르는 이런 타인의 시선을 지옥 같다고 말했다. 그런데 이런 지옥 같은 상황은 불가피한 것일까? 우리가 이런 지옥에서 빠져나올 수는 없을까?

김예슬 선언

> 내 심장의 떨림으로 꾹꾹 눌러 쓴 대자보를 담벽에 붙였다. (…) 오늘 나는 대학을 그만둔다. 아니, 거부한다! 더 많이 쌓기만 하다가 내 삶이 한번 다 꽃피지도 못하고 시들어 버리기 전에. 쓸모 있는 상품으로 '간택'되지 않고 쓸모없는 인간의 길을 '선택'하기 위해. (…) 오가는 학생들과 교수들의 차가운 시선, 무관심한, 당혹스런, 외면하는 그 시선들. 추위에 온몸이 떨려오는 슬픔과 무력감. ― 김예슬, 「김예슬 선언-오늘 나는 대학을 그만둔다, 아니 거부한다」

이 글은 「김예슬 선언-오늘 나는 대학을 그만둔다, 아니 거부한다」에 나오는 글이다. 김예슬은 2010년 3월 고려대학교 교정에 자퇴를 선언한 대자보를 붙였다. 나는 이 사람이 지금 어디서 무엇을 하며 사는지 모른다. 그러나 자퇴 선언이 무엇을 의미하는지는 안다. 그것은 타인의 시선에 대한 거부였다. 자퇴를 선언한 김예슬은 그것을 결심했을 때부터 타인의 차가운 시선을 느끼고 있었다. 그리고 그 시선 앞에서 자신이 너무나도 무력함을 알고 있었다. 하지만 김예슬은 타인의 시선에 사로잡혀 자신을 자책하며 수치심에 빠지지 않았다. 김예슬은 과감히 타인의 시선을 거부하고, 자신의 삶을 스스로 결정하는 주권자의 길을 갔다.

우리 사회에는 사람들이 선망하는 상식화된 삶의 패턴이 있다. 열심히 공부해서 명문 대학에 진학해야 한다. 그리고 의사, 변호사, 교수 등 전문직, 아니면 재벌기업이나 최고의 연봉을 자랑하는 대기업에 취직해야 한다. 그래야 부와 명예가 보장된다. 운이 좋으면 권력의 길로 나아갈 수도 있다. 요즘 이런 사람들은 외모도 패션도 빠지지 않는다. 이렇게 학벌, 부, 명예, 권력, 외모, 이런 것들이 모여 사람들이 선망하는 이상적 인간상을 만들고 이를 기준으로 사람을 서열화하거나 등급화한다. 상류층이나 1% 계층, 아니면 아예 1등급 인간. 이런 식으로 사람들을 분류하기 시작하면, 사람들은 단지 높은 서열, 높은 등급에 오르기 위해 자신이 원하지도 않고, 취향도 적성도 아닌데도 그 길을 간다. 남들이 자신을 무시할까 두렵기 때문이다. 김예슬은 바로 이런 길을 거부한 것이다.

김예슬이 니힐리스트였는지는 알 수 없다. 그러나 김예슬이 비록 의식적이진 않더라도, 이미 니힐리스트였다고 말해도 지나친 것은 아니다. 김예슬이 상식화된 삶의 패턴을 거부한 것은 학벌, 부, 명예, 권력, 외모, 이런 것들이 결코 절대적 가치를 지닐 수 없음을 선언한 것이기 때문이다. 그렇다고 김예슬이 어떤 다른 것에 절대적 가치를 부여한 것도 아니다. 아마도 그에게는 사람 각자가 원하는 것은 있어도, 모든 사람을 하나의 잣대로 평가하며 모든 사람에게 절대적 가치를 행사하는 것은 그 어떤 것도 없었을 것이다. 하지만 김예슬이 어디서 무엇을 하며 살든, 그가 거부했던 상식화된 삶의 패턴이 그를 괴롭힐 것이다. 상식화된 삶의 패턴을 선망하는 사람들의 시선은 끊임없이 김예슬을 비웃고 무시하고 경멸할 것이기 때문이다.

타인의 인정을 위한 투쟁

사람들이 선망하는 학벌, 부, 명예, 권력, 외모 등에 절대적 가치를 부여하길 거부하는 니힐리스트의 삶은 이처럼 자신에게 쏟아지는 무시와 경멸의 시선을 감내해야만 하는 고통스러운 과정일까? 그렇지는 않다. 타인의 시선을 거부하더라도 역설적으로 이런 자신에 대한 타인의 인정을 얻을 수만 있다면 말이다. 니힐리스트가 삶의 주권자로서 자기 창조적 삶은 산다는 것은 상식화된 삶의 패턴에 대한 거부이지만, 이런 자기 창조적 삶이 타인에게 인정받을 수 있다면, 니힐리스트의 삶이 무시와 경멸의 대상이 되지는 않는다. 이런 점에서 상식화된 삶의 패턴을 기준으로 사람들을 규정하고 평가하는 타인의 시선에 대한 거부는 역설적으로 타인의 인정을 위한 투쟁이 될 수 있다. 즉 내가 타인에게 인정받기 위해 타인의 시선에 포획되는 것이 아니라, 내가 타인의 시선을 바꿈으로써 그의 인정을 획득한다는 것이다.

애덤 스미스는 타인에게 인정받으려는 선한 열정이 인간에게 있다고 보았다. 그리고 그는 이 때문에 인간은 애정에 기초한 연대를 이루면 함께 살 수 있다고 생각했다. 애덤 스미스는 이러한 인정이 보편적 공감 가능성을 기준으로 결정된다고 보았을 뿐, 인정이 투쟁을 통해서도 이루어진다는 생각은 하지 못했다. 그러나 보편적 공감 가능성이 역사적으로 축적된 경험으로부터 도출된다면, 이러한 경험이 달라질 때 보편적 공감 가능성의 기준 역시 달라진다. 이런 점에서 애덤 스미스의 입장이 굳이 투쟁을 통한 인정 획득, 즉 '인정 투쟁'을 배제하는 것은 아니다. 그리고 투쟁을 통해서라도 타인의 인정이 이루어진다면, 애정에 기초한 연대도 가능하며, 타인으로부터 무시와 경멸의 대상이 되지도 않는다.

「인정 투쟁」과 만나다

나는 1993년 독일 브레멘 대학 구내 서점에서 「인정 투쟁 Kampf um Anerkennung」(1992)이란 책을 발견했다. 나는 곧 이 책을 구매했고, 며칠날에 걸쳐 이 책을 완독했다. 그리고 나는 이 책의 한국어 번역을 결심했다. 내 번역본은 1996년 동녘 출판사에서 처음 출간되었고, 2011년에는 사월의 책 출판사에서 재출간되었다. 내가 「인정 투쟁」을 번역한 것은 이 책을 보자마자, 인정과 무시라는 개념이 한국 사회를 새로운 시각에서 보게 할 뿐만 아니라, 한국 사회에 가장 적합한 미래 비전을 제시한다고 생각했기 때문이다. 그래서 나는 번역만이 아니라, 이 책의 저자인 악셀 호네트의 제자가 되었다.

내가 「인정 투쟁」을 처음 발견했던 당시 나는 독일 유학을 시작하던 시점이었다. 그러나 아직 지도 교수를 정하지 못했다. 그 이유는 나의 방황 때문이다. 나는 대학 때 학생운동의 파고에서 마르크스를 알게 되었다. 대학원에 다닐 때는 마르크스 전집을 탐독했고, 마르크스주의적 세계관인 '변증법적 유물론'에 관한 석사 논문을 쓰기도 했다. 하지만 1990년대 당시는 현실 사회주의 국가의 몰락이라는 세계사적 변화의 바람이 불고 있었다. 소련이 해체되고, 동유럽 사회주의 국가들이 붕괴했다. 어떻게 보면 이는 필연적인 사건이었는지도 모른다. 당시 사회주의 국가는 비록 마르크스가 꿈꾸었던 사회주의 사회를 표방했지만, 실제로는 정반대의 사회였기 때문이다.

마르크스가 꿈꾸었던 사회주의 사회는 인간의 고유한 능력과 개성이 전면적으로 발휘되는 사회였고, 인간의 노동이 생계 수단이 아니라 그 자체로 자아실현이 되는 사회였고, 각 개인의 자유로운 발전이 만인의 자유로운 발전의 조건이 되는 사회였다. 이뿐만이 아니다. 마르크스가 꿈꾸었던 사회주의 사회는 자유롭고 평등한 노동자들이 생산 연합체를 결성하고, 이런 연합체가 대규모로 연대하여 사회 전체의 생산을 통제하는 광범

위한 협력적 생산 체제였으며, 각 개인이 능력에 따라 일하고 성과에 따라 분배받는 정의로운 사회였다.

그리고 마르크스는 과학기술의 발전과 협력의 확대를 통해 누구에게나 필요한 만큼의 분배가 가능할 정도로 생산력이 발전하면, 사회주의를 넘어 공산주의라는 이 상향이 실현된다고 보았다. 다시 말해 이제 인류는 사회 구성원들의 목적 의식적 활동을 통해 사회가 운영되는 "자유의 왕국"에 도달할 것이며, 마르크스가 「독일 이데올로기」에서 낭만적으로 묘사했듯이 이제 인간은 생계 걱정 없이 자신이 하고 싶은 바대로 오늘은 이 일, 내일은 저 일을 하며, 아침에는 사냥하고, 오후에는 낚시하고, 저녁에는 소를 몰며, 저녁 식사 후에는 비평하는 새로운 사회가 열린다는 것이다.

마르크스가 꿈꾸었던 사회는 그것을 사회주의 사회라고 부르던, 아니면 공산주의 사회라고 부르던, 모든 사회구성원이 서로 협력하며 자신의 개성과 능력을 마음껏 발휘하며 자유롭게 사는 사회를 말한다. 그러나 소련을 비롯한 동유럽 사회주의 국가들은 마르크스가 꿈꾸었던 사회와는 거리가 멀었다. 이들 사회주의 국가들은 스탈린 체제가 보여주었듯이, 중앙집권적 계획경제를 통해 국가가 사회 전체의 생산을 관리했으며, 국가 관료체제를 장악한 극소수의 권력자가 국가 전체를 지배하면서 마치 국가가 자본가가 되고, 국민은 국가로부터 임금을 받는 노동자가 되어 버린 국가 중심의 자본주의 체제였다. 다시 말해 실제 사회주의 국가는 마르크스가 착취와 경쟁, 지배와 예속의 체계라고 비판했던 자본주의 체제를 극복한 대안적 사회가 아니라, 그 자체가 국가 중심의 자본주의 체제였다는 것이다.

이런 점에서 자본주의 체제를 철폐하고 사회주의 사회를 만들고자 했던 정치적 혁명은 실패로 끝났다. 더구나 이런 실패는 마르크스에 동조했던 많은 비판적 지식인을 마르크스주의 자체에 대한 회의에 빠지게 했다. 현실 사회주의 국가의 붕괴는 경제적 생산 체제나 생산력 위주로 사회를 이해하고, 이를 통해 이상적 사회의 물질적 조건을 밝히려 했던 마르크스의 기획 자체에 문제가 있다는 생각을 가지게 했기 때문이다. 그러나 내 마음속에서 인간의 능력과 개성이 전면적으로 발휘되고, 각 개인의 자유로운 발전이 만인의 자유로운 발전의 조건이 되는 사회라는 마르크스의 이상마저 포기했던 것은 아니다.

악셀 호네트에게서 길을 찾다

이런 와중에 나는 악셀 호네트의 「인정 투쟁」을 읽게 되었고, 그의 사상에서 마르크스의 대안을 찾았다. 호네트가 「인정 투쟁」에서 제시한 핵심 주장은 사회적 무시에 대한 보복이 아니라, 새로운 인정 관계 형성을 위한 투쟁은 도덕적으로 정당하며, 사회적 인정의 대상과 내용을 확대하려는 개인이나 집단의 인정 투쟁을 통해 사회가 도덕적으로 진보한다는 점이다. 그리고 호네트는 이런 주장의 근거가 '사회적 인정이 개인의 자유 실현의 조건'이 된다는 점을 밝히고 있다.

개인의 자유란 외부의 강제나 방해 없이 자신의 선호나 가치 등 자신이 하고자 하는 바를 실현하는 것, 즉 자아실현을 의미한다. 호네트의 생각에 따르면, 이런 자아실현은 사회구성원들이 나를 이성적 능력을 갖춘 보편적 인간으로, 그리고 개성을 가진 특수한 인간으로 인정할 때 가능하다. 이런 경우 한편으로 나는 남들과 동일한 인간으로 대우받으며 사회적으로 보장된 인간의 보편적 권리를 부여받을 수 있고, 내가 비록 남들과 다른 개성적 존재이지만, 나 역시 사회의 정상적 구성원으로 대우받으며 사회적 연대에 포함되기 때문이다. 그리고 다른 한편 나는 이러한 사회적 인정을 통해 내가 타인과 마찬가지로 인간으로서 존엄한 존재이며, 사회적으로 가치 있는 존재라는 긍정적 의식에 도달할 수 있다.

이렇게 사회적 인정이 권리와 연대, 그리고 긍정적 자기의식을 가능하게 한다면 사회적 인정이 개인의 자유 실현의 조건이라는 점은 명백하다. 내가 사회적 인정을 통해 권리와 연대를 보장받고 나에 대한 긍정적 의식까지 갖는다면, 나는 내가 하고자 하는 바를 긍정적으로 평가할 뿐만 아니라 타인의 협력 속에서 이를 적극적으로 수행할 수 있기 때문이다. 그러나 반대로 내가 사회적으로 무시당한다면, 즉 내가 인간의 보편적 권리를 부여받지도 못하고, 사회적으로 배척당한다면 과연 내가 하고자 하는 바를 적극적으로 실현할 수 있을까? 더구나 이런 사회적 무시 앞에서 내가 과연 열등감이나 자책감에 빠지지 않을 수 있을까?

사실 우리 사회를 보면 사람들이 서로를 인정하기보다는 서로를 무시하는 것이 일상화되어, 무시가 무시를 낳는 악순환이 벌어지고 있다. 돈 없다고 무시하고, 못 배웠다고 무시하고, 못생겼다고 무시하고, 명문대 출신이 아니라고 무시하고, 장애인이라고 무시하고, 동성애자라 무시하고, 고아라 무시하고, 강남에 안 산다고 무시하고, 외국인 노동자라 무시하고, 탈북자라 무시하고, 여자라고 무시하고, 노동자라고 무시하고, 과연 이러한 무시의 그물망에서 벗어날 수 있는 사람이 있을까? 이러한 무시의 그물망은 누구도 가해자라, 누구도 피해자라 할 수 없는, 누구나 가해자이면서 동시에 피해자일 수밖에 없는 병리적 현상이며 결국 우리 사회 모든 구성원의 의식을 병들게 한다. 이런 병리적 현상을 극복할 수 있는 길은 분명 서로를 무시하는 것이 아니라 서로를 인정하는 것이다.

니힐리스트의 삶도 사회적 인정과 무관한 것일 수는 없다. 니힐리스트가 사회 밖에서 홀로 사는 것도 아닌데, 아무런 권리도 없이 살 수 있을까? 더구나 사람들로부터 배척당하며 사는 것이 즐거울 수 있을까? 니힐리스트는 자기 삶의 주권자가 되기를 원하고, 자유롭게 자신을 창조하며 살기를 원한다. 따라서 니힐리스트는 사람들이 선망하는 학벌, 부, 명예, 권력, 외모 등에 절대적 가치를 부여하길 거부한다. 그리고 어떤 것도 절대적 가치를 지닌다고 생각하지 않는다. 이렇게 니힐리스트로 사는 것을 인정하는 사회는 불가능할까? 사실 자기 삶의 주권자로서 살기 위해서는 사회가 그만큼 개인에게 자기 삶을 스스로 결정하는 자율성을 보장하면 된다. 더구나 자기 창조적 삶을 살기 위해서는 사회가 그만큼 특정한 가치를 절대화하지 않으면 된다. 니힐리스트가 이런 사회를 원한다면, 인정 투쟁은 불가피한 선택이다.

호네트가 「인정 투쟁」에서 제시한 핵심 주장은 사회적 무시에 대한 보복이 아니라, 새로운 인정 관계 형성을 위한 투쟁은 도덕적으로 정당하며, 사회적 인정의 대상과 내용을 확대하려는 개인이나 집단의 인정 투쟁을 통해 사회가 도덕적으로 진보한다는 점이다.

제2장

사의 찬미냐, 사자의 꿈이냐

동반 자살

1926년 8월 5일 〈동아일보〉 사회면에는 대략 다음과 같은 기사가 실렸다.

일본 시모노세키를 떠나 부산으로 향한 관부연락선 갑판에서 한 여성과 중년 신사 한 명이 서로 껴안고 돌연히 바다에 몸을 던졌다. 배를 멈추고 수색하였지만, 종적을 찾지 못했다. 남자는 김우진이요, 여자는 윤심덕이었다. 이들의 유류품은 현금, 장식품, 시계가 전부였다. 조선 사람이 연인끼리 동반 자살한 것은 이번이 처음이었다.

1926년이라면, 그때가 언제인가? 대한제국이 망하고, 우리 민족이 일본 제국주의의 수탈과 탄압 속에서 살던 일제 강점기 아니던가? 김우진과 윤심덕은 일본 유학 시절 국내에서 상연되는 연극 공연에 참여하면서 알게 되었고, 서로 사랑했다. 그러나 김우진은 부인에 자식까지 딸린 유부남이었다. 추측해본다면, 김우진이 처를 버리지 않는 한 이 둘은 맺어질 수 없는 사이였다. 하지만 윤심덕과 김우진이 한 여인의 가슴에 한을 남기며 자신의 사랑만을 탐닉할 수 있었을까? 그렇다고 이 둘이 서로에 대한 사랑을 거둘 수 있었을까?

이 둘은 불륜이라는 낙인 때문에 남들의 눈을 피하려 했겠고, 그런데도 남들에게 알려져 지탄받았을지도 모른다. 그런데 이것 때문에 이 둘이 자살을 선택했을까? 아마도 이 둘은 허락되지 않은 사랑 말고도, 감당하기 어려운 다른 문제들로 극심한 심적 갈등을 겪고 있었는지도 모른다. 그리고 이 때문에 이 둘은 세상 모든 것을 버리고 덩그러니 둘만 남았을지도 모른다.

사의 찬미

윤심덕은 도쿄 음악학교를 졸업한 성악가였다. 김우진은 와세다 대학 영문과를 나와 가업을 물려받아야 했지만, 희곡을 쓰고 시를 쓰는 작가이길 원했다. 윤심덕인지, 아니면 윤심덕과 김우진이 함께 만든 것인지는 불분명하지만, 루마니아 음악가 이바노비치의 〈도나우강의 잔물결〉에 한국어 가사를 붙였고, 윤심덕이 노래했다. 이게 〈사(死)의 찬미〉, 즉 죽음을 찬미한 노래다. 이 노래를 들으면 이 둘의 심정이 어떠했을지 굳이 추측할 필요도 없다.

> 광막한 광야에 달리는 인생아, 너의 가는 곳 그 어데이냐
> 쓸쓸한 세상 험악한 고해에, 너는 무엇을 찾으러 가느냐
> 눈물로 된 이 세상에, 나 죽으면 그만일까
> 행복 찾는 인생아, 너 찾는 것 허무
> 웃는 저 꽃과 우는 저 새들이, 그 운명이 모두 다 같구나
> 삶에 열중한 가련한 인생아, 너는 칼 위에 춤추는 자로다
> 허영에 빠져 날뛰는 인생아, 너 속였음을 네가 아느냐
> 세상의 것은 너에게 허무니, 너 죽은 후엔 모두 다 없도다

〈사의 찬미〉는 이 세상 모든 것이 죽으면 그만이라고 말한다. 행복하게 살려는 사람에게 모든 것이 허무하다

고 말한다. 웃는 것이나 우는 것이나, 행복이나 불행이나 다 똑같은 것이라고 말한다. 살려고 발버둥치는 사람에게 결국 칼 위에서 춤추는 위험한 짓이라고 말한다. 세상 부귀영화를 좇는 사람에게 그게 다 눈속임이라고 말한다. 세상은 허무하고, 죽으면 다 끝이니까. 삶의 허무함을 이렇게 노골적으로, 심금을 울리며 표현한 노래가 또 있을까? 노래 가사만이 아니다. 이 노래를 직접 들으면, 이 말이 무슨 뜻인지 직감하지 못할 사람은 없다.

윤심덕과 김우진은 니힐리스트였을까? 이 둘은 죽으면 끝이라고 말한다. 따라서 죽으면 다 무(無)로 돌아가는 것인데, 인생에 무슨 가치가 있는지 모르겠고, 기쁨과 슬픔의 차이가 무엇이고, 행복이나 불행을 나누는 것이 무슨 의미가 있느냐고 반문한다. 맞는 말이다. 죽음을 생각하면, 이 세계가 존재하는 이유나 목적이 있든 없든, 인간이 살아야 할 이유나 목적이 있든 없든 아무런 의미도 없다. 죽으면 모든 것이 끝이고, 모든 것이 다 무로 돌아가니까.

윤심덕과 김우진이 어떤 고통의 바다에 빠져 헤어나질 못했는지 그 내밀한 사정은 알 수 없지만, 이 둘은 세상 모든 것이 허무하다고 생각했고, 따라서 세상 모든 것을 무(無)로 만들어 버렸다. 결국 둘만 남았다. 그러나 불륜의 사랑마저 다 부질없는 짓이라고 생각될 때, 사랑마저도 허무하다고 느낀다. 그리고 허무는 끝내 자신의 생명마저 무로 돌리게 한다. 자살, 이로써 허무는 완성된다. 세상 모든 것과 자기 자신마저도 무로 끝나 버렸으니까. 윤심덕과 김우진이 니힐리스트인 것은 맞다. 이 둘은 삶의 이유나 목적, 이런 것 다 부정했다. 그러나 인생의 허무함을 처절히 겪었다고 해서 자신의 삶마저 부정해야 하는 것은 아니다. 반대로 인생이 아무리 허무하다고 해도 끊임없이 자신의 삶을 감행하는 사람도 많다.

노인과 바다

1954년 헤밍웨이에게 노벨 문학상을 안겨준 「노인과 바다」에서는 이런 니힐리스트의 삶이 등장한다. 그 이야기는 들어보면 대략 다음과 같다.

쿠바의 작은 어촌에 산티아고라는 노인이 있었다. 노인은 평생을 어부로 살았다. 젊어서는 힘도 좋았고, 고기도 많이 잡았다. 그러나 나이가 들어 힘도 떨어지고, 고기잡이 운도 사라졌다. 노인은 84일간이나 고기 한 마리도 잡지 못했다. 처음 40일간 노인은 소년과 함께 바다로 나갔었다. 이 소년은 노인에게서 고기잡이를 배웠고, 노인을 존경했다. 그리고 노인의 유일한 말벗이었지만, 부모의 반대로 더는 노인을 따라 바다로 나갈 수 없었다. 그러던 날 노인은 아프리카 해안을 노니는 동물의 왕 사자의 꿈을 꾼다. 의욕에 불탄 노인은 85일째 되는 날 홀로 돛단배를 타고 사람들이 가지 않는 먼바다로 떠난다. 꿈 때문이었을까? 노인은 700kg에 5.5m나 되는 엄청나게 큰 청새치를 만났고, 이 고기를 잡느라 사흘 밤낮으로 사투를 벌인다. 노인은 인간이 어떤 일을 할 수 있는지, 인간이 얼마나 참고 견딜 수 있는지 보여주고 싶었다. 끝내 청새치를 잡는 데 성공한다. 그러나 노인에게는 새로운 시련이 닥친다. 노인은 돛단배에 청새치를 매고 육지로 돌아가려 했지만, 피에 굶주린 상어의 공격을 받는다. 노인은 필사적으로 싸운다. 작살로 상어를 죽이고, 작살을 잃어버리면, 칼로 상어와 싸운다. 이 칼마저 부러지자, 몽둥이로 상어를 잡는다. 노인은 생각한다. "인간이 파멸당할 수는 있어도 패배할 수는 없어!" 노인은 죽을 각오로 싸운다. 그러나 끊임없이 몰려드는 상어 떼를 당해낼 수는 없었다. 노인은 앙상하게 뼈만 남은 청새치를 끌고 집으로 돌아온다. 노인은 낙담하거나 절망하지 않는다. 노인은 모든 것을 초월한 채 말한다. "아무것도 아니야, 너무 멀리 나갔을 뿐이야!" 노인은 소년과 함께 다시 바다로 나갈 계획을 세운다. 그리고 노인은 소년의 곁에서 깊은 잠이 든다. 노인은 사자의 꿈을 꾼다.
— 어니스트 헤밍웨이, 「노인과 바다」 민음사, 축약

이 노인은 진정 니힐리스트일까? 노인도 삶의 허무함을 느낀 것은 윤심덕이나 김우진과 마찬가지이다. 노인은 84일간 고기 한 마리도 잡지 못했다. 매일 바다로 나갔지만, 빈손으로 돌아왔다. 노인은 매일같이 인생의 허망함을 느꼈을 것이고, 인생을 포기하듯 더는 바다로 나갈 이유가 없다고 생각했을지 모른다. 그러나 노인은 매일같이 바다로 나갔다. 고기 한 마리도 잡지 못할 것이라고 예상해도 바다로 나갔다. 왜 그랬을까?

노인도 고기를 잡기 원했겠지만, 노인에게는 고기를 잡느냐 못 잡느냐, 혹은 행복하냐 불행하냐, 더 나아가 살만한 이유가 있느냐, 없느냐가 그의 인생을 좌우하지는 않는다. 고기를 잡으러 나간 것은 노인 자신의 사는 방법일 뿐이기 때문이다. 그렇기에 노인은 84일간이나 고기 한 마리 잡지 못했는데도, 85일째 되는 날에는 오히려 보통사람들이라면 엄두도 못 낼 먼바다로 나갔다. 윤심덕과 김우진은 죽음 앞에서 행복과 불행의 차이가 아무런 의미가 없다고 생각했지만, 노인은 삶 앞에서 행복과 불행의 차이를 무의미하게 만들었다. 노인은 그 무엇에도 휘둘리지 않는 삶의 주인이었기 때문이다.

김우진과 윤심덕이 광막한 광야를 홀로 헤맨다고 생각했다면, 먼바다로 나간 노인은 망망대해에 홀로 내던져진 것이나 마찬가지였다. 변변히 먹지도, 입지도 못하던 노인이 84일째 고기 한 마리 잡지 못했는데도 누더기 같은 돛단배를 끌고 또 바다로 나가니 마을 사람들이 비웃었다. 노인은 부인과 사별했다. 부인을 보면 외로움이 깊어져 사진마저 치워버렸다. 이젠 노인에게서 고기잡이를 배웠던 유일한 말벗인 소년도 없다. 이런 노인이 아무도 없는 망망대해에서 죽음을 선택한 것이 아니라, 혼자서 그것도 사흘 밤낮을 청새치와 사투를 벌였다.

노인은 어떻게 이 외로움을 견딜 수 있었을까? 모든 관계가 단절된 채 망망대해에 홀로 내던져진 노인에게 이 세상은 아무런 의미도 없는 무나 마찬가지였다. 이 극심한 외로움은 삶의 의욕을 잃고 인생의 허무함을 느끼게 하기에 충분했을지도 모른다. 그러나 노인은 청새치에게 자신이 어떤 일을 할 수 있고, 얼마나 참고 견딜 수 있는지 보여줘야겠다고 결심했다. 노인은 망망대해에서 오히려 자신과 만났고, 삶의 의지를 확인한 것이다.

노인은 상어 떼의 습격으로 청새치를 잃었다. 노인에게 세상의 것이 다 사라진 것이다. 그러나 노인이 일방적으로 상어 떼에 당한 것은 아니다. 노인은 연이어 출몰하는 상어에 맞서 지치고 지친 몸으로 때로는 작살로, 때로는 칼로, 몽둥이로 싸웠다. 그러나 노인이 상어 떼를 이긴 순 없었다. 사흘 밤낮 동안 사투를 벌이며 잡았던 청새치를 이젠 상어 떼와 사투를 벌이며 다 잃었다. 노인은 왜 청새치를 버리고 달아나지 않았을까? 노인은 왜 싸웠을까? 노인은 "파멸당 할 수는 있어도 패배할 수는 없어!"라고 자기 자신에게 외쳤다.

허무는 삶의 출발점

노인에게는 목숨만 부지하며 사는 것보다 어떻게 사느냐가 중요했다. 노인은 상어 떼와 싸우면서 단순한 생존 이상의 어떤 존엄함을 꿈꾸었다. 그러나 이것이 승리를 말하는 것은 아니다. 노인이 패배할 수 없다고 외쳤지만, 그에게 이기고 지느냐는 본질적으로 중요한 것은 아니었다. 노인은 그런 것은 아무것도 아니라고 말한다. 자신이 설정한 목표를 달성하려고는 하지만, 그렇다고 이 목표에 자신이 종속된 된 것은 아니기 때문이다. 그렇기에 노인에게 인생은 행복하면 살고, 불행하면 죽는 인생이 아니다. 이 모든 것을 초월하여, 그러나 삶을 포기하는 것이 아니라, 내가 삶을 계획하고, 시도하고, 또 계획하고 시도하는 인생이다, 바로 여기에 인간의 존엄함이 있기 때문이다. 노인은 소년과 함께 다시 바다로 나갈 계획을 세운다.

김우진과 윤심덕은 죽은 후엔 모든 것 다 없어지니, 세상이 허무라고 말했지만, 노인은 살아서 모든 것이 없어지는 극심한 허무를 겪었다. 김우진과 윤심덕은 노인을 보고, 너는 무엇을 찾으러 망망대해에 나가 험악한 고통을 겪었냐고 물을지도 모른다. 사흘 밤낮 동안 사투를 벌이며 청새치를 잡은 노인에게, 가련한 인생아, 다 잃을 줄 모르고 칼 위에서 춤추는 자라고 비웃을지도 모른다. 그러나 노인은 모든 것을 잃었어도 눈물로 된 이 세상 죽으면 그만이라고 체념하지 않았다. 노인은 소년과 함께 다시 바다로 나갈 계획을 세웠다. 노인은 인생의 슬픔과 기쁨마저 초월했기 때문이다. 그리고 다시 사자의 꿈을 꾸었다. 이 세상과 인생이 허무해 보인다고 해서, 누구나 죽는 것은 아니다. 니힐리스트에게 허무는 죽음에 이르는 병이 아니라, 삶의 의지를 드러낼 출발점이다.

노인은 모든 것을 잃었어도 눈물로 된 이 세상 죽으면 그만이라고 체념하지 않았다. 노인은 소년과 함께 다시 바다로 나갈 계획을 세웠다. 노인은 인생의 슬픔과 기쁨마저 초월했기 때문이다. 그리고 다시 사자의 꿈을 꾸었다.

제3장

부조리의 영웅

이 세상에 자기가 원해서 태어난 사람은 없다. 나의 부모가 바로 나를 원해서 낳은 것도 아니다. 어떤 자식이 태어날지 알고 아이를 낳은 부모는 없다. 우리는 그저 이 세상에 우연히 내던져진 존재다. 누구든 일단 태어나면 본능적으로 살고자 한다. 하지만 반드시 살아야 할 이유는 없다. 그렇다고 죽어야 할 이유가 있는 것도 아니다. 그럼 어차피 살 것 어떻게 살아야 할까? 불행하게 살까? 아니면 행복하게 살까?

참으로 진지한 철학적 문제, 자살

그리스 신화에는 미다스 이야기가 나온다. 미다스는 프리기아의 국왕이 된 사람이고, 무엇이든 손으로 만지기만 하면 황금으로 변한다고 해서 '미다스의 손'으로 유명하다. 이런 미다스가 숲의 신 실레노스에게 물었다. "세상에서 가장 행복한 것은 무엇인가요?" 그런데 숲의 신의 대답은 절망적인 것이었다. "당신은 태어났기 때문에 가장 행복한 것을 잃었습니다. 가장 행복한 것은 태어나지 않는 것입니다. 그다음으로 행복한 것은 빨리 죽는 것입니다." 실레노스는 무엇을 말하고 싶었을까? 진정 행복을 원한다면 죽는 것이 좋겠다는 것? 따라서 이제 행복을 위한 마지막 선택은 자살이라는 것?

1913년 북아프리카 알제리에서 프랑스계 이민자로 태어난 소설가 알베르 카뮈. 그는 1957년 노벨 문학상을 받았고, 사형 반대 운동에 적극적으로 참여한 활동가였다. 카뮈는 어려서는 가난에 시달렸고, 17세에는 폐렴에 걸려 죽음의 문턱까지 갔었다. 그리고 계속 병이 재발하여 세상과 단절된 채 고독한 요양 생활을 해야만 했다. 이런 그가 「시지프 신화」에서 이렇게 말했다. "참으로 진지한 철학적 문제는 오직 하나뿐이다. 그것은 자살이다." 카뮈는 자살했을까? 그는 인생이 살 만한 가치가 있는지 없는지, 따라서 인생을 살 것인지 말 것인지 고민했다. 그러나 그는 자살하지 않았다. 다만 불의의 교통사고로 46세의 젊은 나이에 세상을 떠났다.

많은 사람이 사는 것이 힘들다고 말한다. 하지만 그래도 사람들은 산다. 아무리 힘들어도 하루하루를 사는 것이 일종의 습관처럼 되어 버렸기 때문이다. 그런데 만약 누군가 인생은 살 만한 가치가 없음을 절감한다면 어떻게 될까? 해가 서쪽에서 뜨느냐, 아니면 동쪽에서 뜨느냐에 따라 자살을 선택할 사람은 없다. 그러나 인생이 살 만한 가치가 있느냐, 없느냐는 분명 삶이냐 죽음이냐를 선택할 만큼 심각한 문제가 된다. 그리고 실제로 삶을 버린 사람 대부분은 살아야 할 이유를 찾지 못한 사람이다.

카뮈는 자살을 선택하지 않았다. 그렇다고 해서 그가 인생이 살 만한 가치가 있다고 생각한 것은 아니다. 그 대신 카뮈는 인간의 삶이 '부조리'하다고 보았다. 무슨 뜻일까? 인간은 자기 의식적 존재이다. 인간은 자신을 의식하고 살며, 자신을 성찰의 대상으로 삼는다는 점에서 '자기 자신을 문제 삼는 존재'라는 것이다. 그래서 인간은 자신이 어떤 사람이고, 어떤 사람이 되어야 하고, 어떤 사람이 되고 싶은지를 스스로 묻고 고민한다. 그리고 인간은 어떻게 살 것인지, 무엇을 위해 살 것인지 사는 이유나 의미, 목적과 가치 등도 묻는다. 인간은 누구나 죽는다. 따라서 인간이 산다는 것은 결국 죽음으로 가는 길이기도 하다. 그렇기에 삶에 대한 질문은 더욱 심각해진다. 어차피 죽을 거 왜 살지? 카뮈는 인간이 반드시 살아야 할 필연적 이유는 없다고 본다. 더구나 어차피 죽을 목숨인데 살 이유가 있다고 한들 무슨 의미가 있을까? 인간은 삶의 이유를 찾으려 하지만, 정작 삶의 무의미함만을 발견하는 절망적 상황에 빠지곤 한다. 이것이 카뮈가 말하는 인생의 부조리함이다.

이유도 목적도 없는 무의미한 과정

현대 자연과학은 눈부신 발전을 이루어냈다. 물체와 생명체로 이루어진 자연 현상만이 아니라, 원자, 전자, 소립자로 이루어진 미시세계를 비롯하여 태양계와 은하계 등 시간과 공간 속에서 일어나는 만물의 현상을 설명할 수 있는 보편적 원리나 법칙을 찾아내고 있다. 그러나 자연과학을 통해 알 수 있는 것은 법칙으로 연결된 무한한 현상들의 연쇄일 뿐, 여기에는 그 어떤 목적이나 이유도 존재하지 않는다. 이는 인간도 마찬가지이다. 인간의 몸 역시 하나의 시간 공간적 존재로서 법칙에 따라 생성, 변화, 소멸할 뿐이기 때문이다. 따라서 인간의 삶 역시 그 어떤 이유나 목적도 없는 무의미한 과정에 불과하다.

그런데 자연과학적으로 아무런 삶의 이유도 목적도 찾을 수 없다고 해서 인간이 삶이 무의미해지는 것은 아니다. 인간에게는 삶에 의미와 목적을 부여할 방법이 있다. 이 세계를 창조한 '신'을 믿고, 신을 절대시하는 종교에 귀의하면, 이 세계가 존재하게 된 이유나 목적, 그리고 이 세계에서 사는 인간의 삶의 의미나 가치 역시 찾을 수 있다. 카뮈의 말을 빌자면 인간은 신에게로 비약함으로써 인생의 부조리 자체를 해소할 수 있다. 그러나 이것은 도피일 뿐, 진정한 해결책은 아니다. '신'조차 인간이 만들어낸 허무한 것임을 깨닫는 순간, 인간의 삶은 걷잡을 수 없는 나락에 떨어질 수밖에 없다. 그렇다면 이제 인생의 부조리에서 벗어날 방법은 자살밖에 없을까? 인생을 살 만한 아무런 이유나 목적도 없다면, 결국 삶을 포기할 수밖에 없지 않냐는 것이다.

그러나 카뮈는 상황을 반전시킨다. 카뮈는 인생이 살 만한 가치가 없다고 해서 자살을 선택해야 하는 것은 아니라고 말한다. 반대로 삶이 의미가 없을 때 오히려 인간은 더 잘 살 수 있다고 말한다. 과연 이런 주장이 상식적으로 말이 될까? 말이 된다면 어떻게 살아야 더 잘 살 수 있을까?

시지프의 기쁨

카뮈는 부조리 자체를 받아들이라고 말한다. 다시 말해 인생의 무의미함을 피하지 말고, 인생의 무의미함 자체를 인정하라는 것이다. 카뮈는 이러한 삶의 실례로 그리스 신화에 나오는 시지프를 든다. 시지프는 부조리를 피하려 하지도 않았고, 그렇다고 부조리를 해소하려고 하지도 않았다, 그는 바로 부조리 자체를 인정하고 부조리 속에서 사는 부조리의 '영웅'이라는 것이다. 그렇다면 시지프는 대체 어떻게 살았기에 카뮈가 그를 영웅으로 보았을까? 시지프는 신들을 두려워하지 않았다. 시지프는 자신의 삶을 위해 신들의 비밀을 누설했고, 신들의 명령을 따르지도 않았다. 그래서 그는 지옥에 떨어져 형벌을 받았다. 형벌은 바위를 산꼭대기까지 밀어 올리는 것이었지만, 산꼭대기에 올려진 바위는 무게 때문에 산 아래로 굴러떨어졌다. 따라서 시지프는 바위를 산꼭대기까지 밀어 올렸다가, 다시 아래로 굴러떨어진 바위를 산꼭대기까지 또 밀어 올리는 일을 끝도 없이 반복해야 했다.

분명 신들이 시지프에게 내린 형벌은 육체적으로 고통을 준다. 바위를 산꼭대기까지 밀어 올리기 위해서는 온 힘을 다해야 하기 때문이다. 그러나 신들이 노린 것이 과연 육체적 고통일까? 신들이 시지프에게 형벌을 내리며 의도한 것은 무의미함의 고통이다. 시지프의 형벌은 바위를 산꼭대기까지 올려놓으면 끝나는 것이 아니다. 형벌의 핵심은 어차피 산 아래로 떨어질 바위를 반복해서 산꼭대기에 올려놓는 것이다. 만약 형벌이 산꼭대기까지 바위를 밀어 올리고 끝난다면, 시지프는 육체적으로 힘들어도 희망을 품고 산꼭대기까지 바위를 밀어 올릴 테고, 이것이 성공하면 목적 달성의 기쁨마저 누릴 수 있었을 것이다. 그러나 산꼭대기까지 바위를 밀어 올렸다고 해서 목적이 달성된 것은 아니다. 어차피 바위는 다시 산 아래로 굴러떨어질 테니까. 따라

마치 시지프가 반복적으로 산꼭대기에 바위를 올려놓듯이, 니힐리스트의 삶 역시 무의미한 창조적 작업의 반복일 수 있다. 〈Sisyphus〉, Titian, 1548

서 시지프가 당하는 고통은 아무런 목적도 의미도 없는 일을 반복하는 데 있다.

그렇다면 이 형벌을 당하는 시지프의 모습은 어땠을까? 무의미함의 고통 때문에 소리치며 괴로워했을까? 아니면 더는 못하겠으니 차라리 자신을 죽여주든지, 아니면 제발 형벌을 풀어달라고 신들에게 호소했을까? 카뮈는 시지프가 무겁지만 한결같은 걸음걸이로, 아무리 해도 끝장을 볼 수 없는 고통을 향하여 묵묵히 걸어

내려오는 모습을 상상한다. 그리고 시지프가 어떤 날은 고통스러워하며 산에서 내려오지만, 또한 기뻐하며 내려올 수도 있다고 말한다. 차라리 무의미함을 견뎌내고 무의미함 속에서도 기쁨을 느끼는 것이 자신에게 형벌을 내린 신들에게 맞서서 자신의 삶을 구해내는 유일한 방법이기 때문이다.

시지프가 무의미함 때문에 고통스러워한다면 이는 신들의 의도에 말려드는 것이다. 그렇다고 시지프가 무의미함에서 벗어나려고 신들에게 호소한다면, 그것은 신들의 권위를 인정하는 것이다. 따라서 이렇게 되면 시지프에게 자신의 삶이란 없다. 시지프는 그저 신들이 짜놓은 틀 속에서 정해진 삶을 사는 데 불과하기 때문이다. 그러나 시지프가 무의미함에 괴로워하지 않는다면, 더구나 기쁨마저 느낀다면, 시지프는 신들을 당혹하게 할 뿐만 아니라, 자신에게 형벌을 내린 신들의 힘을 무력화한 셈이다. 그러므로 이제 시지프의 인생은 그의 것이고, 형벌 속에서 살아야 하는 운명 역시 그의 것이 된다. 시지프는 자신이 살아가는 날들의 주인이 된 것이고, 신들의 계략에 더는 놀아나지 않는, 어떻게 보면 신들보다 우월한 존재가 된다. 시지프의 기쁨이란 바로 자신의 삶에 주인 됨의 기쁨이고, 그 어떤 주인도 없는 이 우주에서 자신의 세계를 만들어가는 인간의 위대함에 대한 기쁨이다. 그래서 카뮈는 행복한 시지프를 상상한다.

니힐리스트, 허무를 긍정하라!

니힐리스트는 인간이 따라야 할 그 어떤 삶의 의미, 목적, 가치도 없다고 생각한다. 그리고 동시에 이 세계 자체도 그 어떤 이유나 목적도 없이 그저 생성, 변화, 소멸이 반복되는 무의미한 과정으로 본다. 니힐리스트는 이 무한한 우주에 내 던져진 한낱 미물에 불과한 자신을 생각하며, 그리고 기껏 살아보았자 일순간에 사라져버릴 먼지 같은 인생을 절감하며, 흡사 절대적 가치라도 지닌 양 사람들이 숭배하고 복종하는 모든 것을 허무한 것으로 본다. 이런 점에서 니힐리스트는 시지프처럼 인생의 허무나 무의미함을 형벌처럼 안고 살아간다.

인간이 한낱 미물에 불과한 것이 아니라, 이 우주의 중심에 있는 위대한 존재라고 해도 상황은 바뀌지 않는다. 인간이 미물이든 위대한 존재이든 인생의 무의미함은 변하지 않기 때문이다. 오히려 우주의 중심에 있는 자기 자신의 인생이 무의미하다고 생각하면 절망감만 더 커질지도 모른다. 그렇다고 인간이 찰나처럼 이 세상에 왔다가 사라지는 먼지 같은 인생이 아니라, 죽지 않고 영원히 사는 존재라고 해도 인생의 무의미함이 극복되는 것은 아니다. 어쩌면 인간은 죽지도 못하는 영생 속에서 무의미함이 주는 극도의 권태감 때문에 하루하루를 한숨 속에 살지도 모른다.

니힐리스트는 인생의 허무나 무의미함을 형벌처럼 안고 살지만, 어떤 절대적인 가치를 통해 여기에서 벗어나려고 하지 않는다. 그렇다고 삶을 비관하며 괴로움 속에서 살아가는 것도 아니다. 니힐리스트는 인생과 이 세계의 허무함을 적극적으로 긍정할 뿐만 아니라, 이를 자기 창조의 기회로 삼는다. 인간이 마땅히 따라야 할 삶의 의미, 목적, 가치가 없으니, 이제 인간은 자기 자신의 삶을 마음껏 창조할 수 있다. 물론 인간이 삶의 가치를 창조했다고 해서 이것이 절대적 가치를 갖는 것은 아니다. 그렇기에 인간의 자기 창조는 일회적으로 끝나는 것이 아니라, 지속적으로 반복된다. 마치 시지프가 반복적으로 산꼭대기에 바위를 올려놓듯이, 니힐리스트의 삶 역시 무의미한 창조적 작업의 반복일 수 있다. 인간의 자기 창조 행위는 어떤 목적을 달성하기 위한 수단이 아니기에 그 끝이 있을 수 없다.

사람들은 흔히 행동의 목적을 통해 행동의 의미를 설명하고, 행동의 가치를 평가한다. 자식에게 열심히 공부하라고 말하는 부모는 열심히 공부해야 출세하고 성공한다고 말한다. 공부하는 것이 의미가 있고 가치가 있다면, 그것은 출세와 성공이라는 목적 달성을 위한 수단이기 때문이다. 그렇다면 왜 출세하고 성공해야 할까? 그래야 잘 먹고, 잘 살 수 있으니까? 그럼 왜 잘 먹고, 잘 살아야 할까? 행동의 의미와 가치를 어떤 목적을 통해 설명한다면, 사실 목적의 목적을 물을 수밖에 없고, 이런 식의 질문은 결국 미궁에 빠져 버린다. 따라서 인간의 행동이나 삶의 궁극적인 의미는 결코 밝혀낼 수 없다.

시지프의 반복적인 삶은 그 어떤 목적을 위한 수단이 아니다. 따라서 시지프의 삶은 무의미한 삶이지만, 그는 이를 통해 삶의 주인됨을 표현했고, 이를 통해 행복을 얻으려 했다. 인생이 허무하고 무의미하다고 생각하는 니힐리스트, 시지프처럼 살 수는 없을까?

제4장

정상과 비정상

프랑스 철학자 미셸 푸코(1926-1984)는 동성애자였고, 에이즈로 죽었다. 푸코가 태어나 젊은 시절을 보낼 때만 해도 프랑스에서는 동성애를 성도착증으로 여기는 사회적 분위기가 강했다. 이 때문에 그는 자신이 동성애자임을 자각하면서 심한 수치심에 시달렸다. 그리고 그는 자살까지 감행했었다. 이런 이유 때문일까? 그가 평생 가지고 있던 문제의식은 인간을 정상과 비정상으로 나누고, 비정상인을 인간 취급하지 않는 이분법적 분류체계였다.

정상과 비정상의 구분

정상과 비정상의 구분에 관한 복잡한 학문적 논의를 모르더라도 우리가 가진 상식적 입장이 있다. 사람들 대부분이 한 눈인 사회에서는 두 눈인 사람이 비정상 취급받는다는 것이다. 많은 사회에서 다수자는 정상적 사회구성원으로서 사회가 보장하는 보편적 권리를 누리고 서로 교류하며 함께 살지만, 자신과 다른 소수의 사람은 비정상 취급하면서 차별하고 무시하고 자신들의 집단에서 배제한다. 이성애자가 다수라면, 동성애자가 이런 취급을 받고, 비장애인이 다수라면 장애인이, 그리고 단일 인종이나 단일 민족으로 이루어진 사회에서는 인종적 소수자나 민족적 소수자도 비정상인 취급받는다.

하지만 정상과 비정상의 구분이 반드시 수의 많고 적음에 따라 이루어지는 것은 아니다. 수는 비등하더라도 권력이 없는 사람들이 비정상인 취급받는 예도 있다. 대표적으로 남성이 권력을 장악한 가부장 사회의 여성이 그렇다. 남성이 정상적 인간의 표준이 되면서 여성은 정상에서 벗어난 미성숙한 존재로 취급받으며, 차별, 무시, 배제의 대상이 되기 때문이다. 이런 가부장 사회의 흔적은 오늘날 아무리 남녀평등을 강조하더라도 여전히 남아있다.

영어 단어에서 'man'은 인간을 의미하지만, 동시에 남자를 뜻한다. 이에 반해 여자는 'woman'으로 지칭된다. 이는 인간이 바로 남자라는 뜻이며, 여자를 지칭하려면 인간과 다른 별도의 단어가 필요했음을 보여준다. 우리 말도 이와 크게 다르지 않다. 남자 교수는 그냥 '교수'지만, 여자 교수는 '여교수'로 지칭되는 경우가 많다. 배우도 마찬가지다. 남자 배우는 그냥 '배우'지만, 여자 배우는 '여배우'로 지칭된다. 이는 교수나 배우가 바로 남자와 동일시되었으며, 여성을 지칭하려면 여기에 별도로 '여'자를 추가해야 했음을 보여준다. 이런 점에서 여성은 남성과 다른 존재가 아니라, 인간과 다른 존재였다.

그런데 이성애자이고 비장애인일 뿐만 아니라, 인종적, 혹은 민족적 다수자이며 남자라고 하더라도 비정상 취급받을 수 있다. 최근 우리나라 초중고학교에서 빈번하게 발생하는 왕따나 폭력은 비록 다수자 내부에서의 일이지만 특정한 학생이 비정상인 취급당하고 있음을 보여준다. 그 이유도 다양하다. 어떤 경우는 키가 작다고, 몸이 뚱뚱하다고, 못생겼다고, 사투리를 쓰거나 말을 더듬는다고, 또 어떤 경우는 부모의 직업을 빗대어 놀리고, 비아냥거리고, 왕따하고, 급기야 폭력을 가하기도 한다. 이렇게 보면 사회마다 표준적 인간상이나 이상적 인간상이 있고, 이러한 인간상에 맞는 사람은 정상인으로, 이에서 벗어난 사람은 비정상인으로 취급당하기도 한다.

표준적 인간상이든, 이상적 인간상이든 그것이 무엇인가는 사회마다 다양하다. 과거 우리나라에서는 출신 지역이 어디냐에 따라 사람들이 서로 교류하거나 배척하기도 했고, 요즘에는 학벌에 따라, 재산과 소득에 따라, 직업에 따라, 비정규직이냐 정규직이냐에 따라, 사회적 지위에 따라, 그리고 외모에 따라서도 사람을 구별하고 차별하는 일이 일상화됐다. 더구나 많은 사람이 자신과 수준이 비슷한 사람과는 친구도 하고, 모임도 하고, 서로 교류하면서 '우리'라는 말을 사용하지만, 자신보다 못하다고 생각된 사람들과는 교류는커녕 인사도 하지 않고, 말도 건네지 않는 경우가 허다하다.

동일자와 타자

철학에서는 흔히 이러한 현상을 '동일자(同一者)'와 '타자(他者)'라는 개념을 통해 설명한다. 즉 특정한 인간상을 기준으로 사람을 구별할 뿐만 아니라, 이 인간상에 해당하는 사람들은 서로를 동일한 사람, 즉 동일자로 보고, 그렇지 않은 사람들은 자신과 다른 사람, 즉 타자로 보면서 이들을 결코 '우리' 안에 포함하지 않는다. 예를 들어 식민지 개척 시기의, 서구 유럽인, 특히 백인이고, 남성이며, 재산도 있고 교육도 받은 부르주아 계층의 사람들은 자신들을 동일자로 보면서, 이와 다른 사람들을 타자화하면서 이들을 차별하고, 무시할 뿐만 아니라, 인간 취급조차 하지 않았다.

1492년 콜럼버스가 아메리카 대륙에서 처음으로 원주민을 만난 후 유럽에서 벌어진 논쟁은 동일자와 타자의 구별이 얼마나 무서운 결과를 초래하는지를 극적으로 보여준다. 당시 원주민들의 모습은 분명 서구 유럽인과 달랐다. 인종이 다르기 때문이다. 그러나 이것만이 아니다. 그들은 거의 벌거벗고 있었고, 사는 모습은 유럽인의 문명 수준에서 볼 때 야만이나 다름없었다. 그렇다면 이들도 유럽인과 마찬가지로 인간이라고 보아야 할까? 유럽에서는 원주민을 신이 창조한 인간의 일종으로 보아야 할지, 아니면 원숭이에 가까운 동물로 보아야 할지 논쟁이 벌어졌다고 한다. 결론은 원주민도 인간이기 때문에 기독교로 개종해야 하지만, 원주민은 유럽인보다 미성숙한 인간이기 때문에 소나 말처럼 잡아다가 노예로 사용할 수 있다는 것이었다. 유럽인은 자신을 기준으로 원주민을 타자로 만든 것이다.

푸코의 지식, 권력, 주체

푸코가 관심을 기울인 것은 정상과 비정상을 구별하고, 이러한 구별을 통해 비정상인이 타자화되는 사회적 메커니즘이었다. 푸코는 이를 지식, 권력, 주체라는 세 가지 개념을 통해 설명한다. 먼저 푸코에 따르면, 역사적으로 볼 때 근대시대 이래로 '생산적 권력'이라는 새로운 형태의 권력이 등장했다. 이전까지만 해도 권력은 흔히 국가에 집중되어 있었고, 이런 권력은 사회 질서를 유지하기 위해 이를 훼손하는 행위를 금지하고 처벌했다. 그런데 이런 식의 금지 권력에서는 사회 질서를 훼손하는 행위가 어떤 것인지가 중요했을 뿐, 이런 행위를 수행하는 행위 주체가 과연 어떤 '인간'인지는 문제 삼지 않았다. 금지하고 처벌하는 권력의 목적은 오로지 사회 질서를 유지하거나 회복하는 데 있었기 때문이다. 이에 반해 생산적 권력은 사회 질서 훼손 행위를 저지른 사람들이 다시는 이런 행위를 반복하지 않도록 이들을 정상적 인간으로 교정하여 사회에 재통합하려는 목적을 갖는다. 이런 점에서 생산적 권력은 어떤 '인간'이 정상적이고, 어떤 인간이 비정상적인지를 문제 삼을 수밖에 없었으며, 이를 구별하는 합리적 지식이 필요했다.

이런 사회적 조건에서 '인간'이 학문적 탐구의 대상이 되었고, 정신 병리학, 범죄학, 의학, 교육학 등과 같은 다양한 인간 과학이 등장했다. 그러나 이런 인간 과학이 단지 사회 질서 훼손 행위자를 교정하는 데만 활용된 것은 아니다. 인간 과학적 지식은 부모-자식, 교사-학생, 의사-환자, 교도관-수형자, 공무원-시민 등 다양한 인간관계에서 개개인의 사고, 행위, 삶의 방식과 관련하여 정상성을 판단하는 합리적 근거로 사용됨으로써 개개인을 정상적 개인으로 생산하려는 생산적 권력과 결합하였다.

이렇게 권력은 인간 과학적 지식을 필요로 하고, 인간 과학적 지식은 권력을 통해 활용된다는 점에서 권력과 지식은 하나의 복합체를 이루게 되었다. 그리고 여기에 더해 권력과 지식이 인간의 주체성과 결합함으로써 인간을 정상과 비정상으로 구별하는 이분법적 분류체계가 확립되었다. 주체성이란 개개인이 반성과 숙고의 과정을 통해 자신의 사고, 행위. 삶의 방식을 스스로 규정한다는 의미에서 자율성으로 이해된다. 이러한 자율성을 발휘하기 위해서는 역설적으로 자신의 사고, 행위, 삶의 방식을 반성하고 숙고하는 데 토대가 되는 어떤 합리적 기준이 필요하다. 인간 과학적 지식과 생산적 권력은 바로 이 지점에서 주체와 결합한다. 개개인은 역설적으로 인간 과학적 지식을 통해 작동하는 생산적 권력에 복종함으로써 자기 자신을 합리적으로 반성할 수 있는 합리적 기준을 확보할 수 있기 때문이다.

이렇게 지식, 권력, 주체가 결합함으로써 인간 과학이 만들어낸 정상과 비정상에 관한 지식이 사회 전체에서 흡사 진리의 법칙인 양 통용되기에 이르렀다. 그리고 그 결과 백인종에 대해서는 유색인종, 내국인에 대해서는 이방인, 남성에 대해서는 여성, 성인에 대해서는 아동, 시민에 대해서는 범죄자, 이성애자에 대해서는 동성애자를 대립시키는 등 광범위한 사회적 분류체계가 확립되었다. 이런 점에서 푸코가 동성애자임을 자각하면서 심한 수치심에 시달릴 수밖에 없었던 것은 바로 지식-권력-주체가 결합하면서 만들어진 정상과 비정상의 분류체계로 인한 필연적 결과였다.

그런데 푸코에 따르면, 이러한 분류체계가 비록 참된 지식인 것처럼 영향력을 발휘하며 사회적으로 유통된다고 해서, 그것이 정말 보편타당한 진리인 것은 아니다. 왜 그럴까? 흔히 사람들은 지식이 역사적으로 발전한다고 생각한다. 이전의 지식의 오류를 수정하면서 새로운 지식이 등장하고, 이런 과정을 통해 지식이 발전한다는 것이다. 그러나 푸코는 그렇게 생각하지 않았다. 푸코는 지식이란 항상 인식의 대상과 탐구 방법을 규정하는 특정한 조건, 즉 그가 '에피스테메'라고 지칭한 특정한 인식구성조건 속에서 형성되며, 이러한 조건이 바뀌면 지식을 구성하는 방식도 달라진다고 생각했다. 이 때문에 푸코는 서로 다른 인식구성 방식에 따라 만들어진 지식 중 어느 것이 더 발전한 지식인지, 따라서 어느 것이 진리이고 어느 것은 허위인지 판단할 수 없으며, 이는 인간 과학적 지식도 마찬가지라고 보았다. 푸코에 따르면 인간 과학은 그냥 인간을 탐구한 것이 아니라, 보편적 원칙에 따라 자신을 반성하는, 이른바 '자기 반성적 인간'이라는 특수한 인간 개념에 근거하여 인간을 탐구했다. 따라서 이를 통해 산출된 지식이 이런 개념적 조건을 넘어서 보편타당한 진리의 지위를 가질 수 없다.

예술과 철학의 역사는 발전의 역사인가?

나는 구스타프 클림트의 그림을 좋아한다. 그런데 누가 나에게 르네 마그리트 그림은 어떠냐고 묻는다면, 나는 그것도 좋다고 말할 것이다. 하지만 누가 나에게 클림트의 그림과 마그리트의 그림 중에서 누구의 그림이 더 좋으냐고 묻는다면, 나는 비교할 수 없다고 대답할 것이다. 분명 클림트의 그림도 좋고, 마그리트의 그림도 좋다. 그러나 이들의 그림을 비교한다는 것은 불가능하다. 이들은 무엇을 어떻게 그리는지 그 방식이 다르기 때문이다. 물론 마그리트보다 클림트를 더 좋아한다는 사람이 있을 수 있다. 하지만 이것은 개인적 취향이나 감각 때문일 뿐 이 둘을 비교할 객관적 기준은 없다.

서양미술사를 보면 다양한 사조가 등장한다. 사실주의, 인상파, 야수파, 표현주의, 입체파, 다다이즘 등등. 미술의 역사는 발전의 역사일까? 즉 이전 미술의 문제를 극복하며 새로운 미술이 등장하고, 이런 점에서 최신 미술이 가장 완벽한 미술이라고 보아야 할까? 미술의 역사가 발전의 역사라고 생각하는 사람은 별로 없다. 물론 사람들이 개인적으로 애호하는 사조가 있겠지만, 각각 사조마다 그림 그리는 방식이 다르기에 사조가 다른 그림들을 비교하면서 무엇이 더 좋은 작품인지 평가할 수는 있는 객관적 척도는 없다.

물론 사람들은 미술은 예술이지, 지식이 아니라고 비판할 것이다. 그렇다면 철학은 어떤가? 철학이 다루는 문제도 존재의 문제에서 시작하여 인식, 윤리, 정의, 언어, 역사, 예술 등 실로 다양하다. 그리고 서양철학만 해도 철학은 고대 그리스의 소크라테스 이후 지금까지 2천 년을 이어왔다. 플라톤과 아리스토텔레스를 거쳐 중세에는 아우구스티누스, 아퀴나스 같은 철학자가 등장했고, 근대에 이르러 영국의 경험론, 프랑스의 합리론, 독일의 관념론이 등장했다. 현대에 이르러서도 현상학, 실존주의, 해석학, 마르크스주의, 논리실증주의, 언어분석철학, 프랑크푸르트학파 등 다양한 유파가 등장했다. 그렇다면 철학의 역사는 발전의 역사였을까? 과거보다 현재의 철학자들이 진리를 말한다고 할 수 있을까? 사실 철학의 역사를 보고 발전이란 말을 사용하는 사람은 거의 없다. 과거의 철학이든 현재의 철학이든 철학은 항상 새로운 상황에 맞는 새로운 해석의 대상이며, 이런 과정을 통해 새로운 철학이 등장한다. 이런 점에서 20세기 영국의 철학자였던 화이트헤드는 서양 철학의 역사가 플라톤 철학에 대한 주석에 지나지 않는다고 평가하기도 했다.

쿤의 패러다임 전환

그런데 미술이나 철학의 역사와는 달리 자연과학의 역사는 사람들 대부분이 발전의 역사로 본다. 자연과학에 토대를 둔 눈부신 과학기술의 발전을 볼 때 이는 이론의 여지가 없는 것으로 보인다. 자연과학의 이론은 경험적 관찰과 실험을 통해 '검증'된 것이라는 점에서 자연과학의 역사는 분명 과거의 오류를 수정해온 발전의 과정일 것이다. 물론 카를 포퍼 같은 철학자는 '검증'이 아니라, '반증'을 주장하기도 한다. 다시 말해 자연과학의 이론은 경험적 관찰과 실험을 통한 검증이 아니라, 기존 이론을 부정할 수 있는 반증 사례 제시를 통한 시행착오의 과정을 통해 발전한다는 것이다. 과연 '구리에 전기가 통한다'는 명제를 검증하기 위해 모든 구리를 다 실험해 볼 수 있을까? 사실 이는 불가능하며, 그렇다고 몇몇 제한된 사례를 모아 이런 명제를 검증했다고 말하는 것도 무리이다. 모든 과학적 명제에는 항상 '반증 가능성'이 있기 때문이다.

그런데 과학사가로 알려진 토머스 쿤은 다르게 생각했다. 그는 「과학혁명의 구조」라는 책에서 자연과학의 역사는 발전의 역사가 아니라, 패러다임 전환의 역사임을 주장했다. 여기서 말하는 패러다임이란 실제 연구 사례를 통해 과학자들이 공유하게 된 신념, 가치, 전문기술 등에 기초한 과학적 연구 모형으로서 무엇이 과학적 탐구의 대상이고, 과학적 탐구는 어떻게 진행되는지를 규정한다. 이런 점에서 과학이론은 항상 특정한 패러다임 속에서 형성된다. 그런데 쿤은 자연과학의 역사를 패러다임 전환의 역사로 보면서, 과거의 패러다임과 현재의 패러다임 사이의 '공약 불가능성'을 주장했다. 다시 말해 과거의 패러다임과 이를 교체한 새로운 패러다임 사이에는 공통점이 존재하지 않기 때문에 각기 다른 패러다임 속에서 형성된 이론들도 이를 비교 평가하여 어떤 것이 더 나은 이론이라고 말할 수 없다는 것이다.

이렇게 예술이든 자연과학이든, 푸코가 말하는 인간 과학이든, 그것이 예술적 대상과 창작방법, 혹은 학문적 탐구의 대상과 탐구 방법을 결정하는 특정한 역사적 조건에서 형성된 것이라면, 이러한 조건을 넘어선 보편 타당성을 주장하기는 어렵다. 이런 점에서 인간을 정상과 비정상으로 구별하는 인간 과학적 지식이 흡사 진리인 양 사회적으로 유통된 것은 그것이 진짜 진리이기 때문이 아니라, 푸코가 생산적 권력으로 지칭한 특정한 형태의 권력이 작동한 결과일 뿐이다.

물론 이러한 권력이 제시한 정상과 비정상이라는 이원적 구분에 따라 자신의 사고, 행위, 삶의 방식을 스스로 반성하고 규정한다면, 역설적이게도 개개인은 자기 삶의 주체가 될 뿐만 아니라, 사회적으로도 정상적 인간으로 대우받는다. 그러나 이는 특정한 방식의 사고, 행위, 삶을 정상으로 규정한 권력에 복종한 것일 뿐만 아니라, 우리 스스로 이와 다른 식의 사고, 행위, 삶의 방식을 배제한 자기 억압이다. 그렇다면 정상과 비정상이

라는 이원적 구분을 넘어서 자기 자신을 진정 삶의 주
인으로 만드는 대안적 삶이 가능할까?

푸코가 관심을 기울인 것은 정상과 비정상을 구별하고, 이러한 구별을 통해 비정상인이 타자화되는 사회적 메커니즘이었다. 푸코는 이를 지식, 권력, 주체라는 세 가지 개념을 통해 설명한다.

제5장

존재의 미학

삶을 예술작품처럼

오늘날 특이한 것은 개인이나, 삶이 아니라 예술가가 만들어
낸 무언가 특수한 것만이 예술작품으로 취급된다는 점이다.
그러나 인간의 삶 자체가 예술작품이 될 수는 없을까? 램프
나 집은 예술적 창작의 대상이 된다고 하면서, 왜 우리의 삶
은 그렇지 않다고 생각할까? — 미셸 푸코, 「윤리학의 계보학
에 대하여」 드레피스/라비오우, 「미셸 푸코; 구조주의와 해
석학을 넘어서」 나남, 332쪽, 축약

미셸 푸코의 말이다. 그는 인간을 정상과 비정상으로
나누는 이분법적 분류체계가 어떻게 형성되는지를 해

명하려고 했을 뿐만 아니라, 정상과 비정상을 나누는 이원적 분류체계에서 벗어나 우리 자신의 삶을 예술작품처럼 만들자는 '존재의 미학'을 주장했다.

푸코가 말하는 존재의 미학은 권력에의 복종이나 자기 억압을 넘어서 인간의 삶에 무한한 가능성을 열어놓는다. 존재의 미학은 우리 자신을 모든 사람이 따라야 할 이른바 정상과 비정상이라는 틀 속에 가두는 것이 아니라, 마치 우리 자신을 예술작품처럼 만들려는 자기 창조적 행위이기 때문이다. 그리고 이런 점에서 존재의 미학은 인간이 따라야 할 그 어떤 삶의 목적과 이유도 없다는 니힐리즘에 맞닿아 있다. 그런데 푸코는 왜 자기 창조적 행위를 존재의 '미학'으로 규정했을까? 푸코의 설명은 아니지만, 이는 예술작품에 관한 판단, 즉 미학적 판단의 특성을 살펴보면 금방 알 수 있다. 예술작품들에 대한 미학적 판단은 정상-비정상, 진리-허위, 선-악 식의 이분법적 평가가 아니라, 아름답다, 인상적이다, 신비하다, 기괴하다, 해학적이다, 충격적이다, 편안하다 등 실로 무궁무진하다. 이런 점에서 예술작품과 이에 관한 판단은 흑백논리식 이분법에 빠져 있지 않다. 따라서 인간의 삶을 예술작품처럼 만든다면, 이는 생산적 권력에 종속된 주체성 유형과는 달리 삶의 무한한 가능성을 드러낼 수 있으며, 이를 통해 인간은 자신의 삶을 결정하는 최고의 주권자가 된다.

미학적 판단

그리고 미학적 판단을 다른 유형의 판단과 비교해 보면 우리가 자신의 삶을 예술작품처럼 만든다는 것이 무엇을 의미하는지 좀 더 구체화할 수 있다. 미학적 판단은 예술작품이 주는 주관적 감흥을 표현한다. 그러나 미학적 판단은 좋고 나쁨이라는 주관적 감흥을 표현한 선호 판단과는 다르다. 예를 들어 어떤 음식을 맛있게 먹으면 그에 상응하여 감각적 쾌락을 느끼고 이를 통해 이 음식이 좋다는 선호 판단을 내린다. 이렇게 감각적 쾌락에 기초한 선호 판단이 아니라, 유용성에 기초한 선호 판단도 있다. 즉 어떤 물건이 자신의 필요를 충족하는 데 효과적이거나, 그렇지 않을 때 좋다거나 나쁘다는 선호 판단을 내린다. 미학적 판단은 이런 식의 선호 판단이 아니다. 선호 판단은 욕구나 필요를 전제하며, 이것이 잘 충족되었을 때 발생하지만, 예술작품은 감각적 욕구 충족의 대상도 아니고, 개인의 필요를 충족시키는 실용적 수단도 아니다. 이런 점에서 미학적 판단은 감각적 쾌락이나 유용성을 표현하는 선호 판단과 다르다.

미학적 판단은 도덕적 판단과도 다르다. 어떤 행위에 대한 도덕적 판단은 선과 악의 이분법적 구별을 전제하며, 자신이 옳다고 믿는 선이 실현되면 그 나름대로 감흥을 느낀다. 그러나 예술작품이 주는 주관적 감흥은 선악의 구분을 전제한 것이 아니다. 다시 말해 예술작품에 대한 미학적 판단은 예술작품을 선과 악의 기준에 따라 판단하고, 예술작품을 통해 선이 실현됨을 확인할 때 갖는 주관적 감흥은 아니라는 것이다.

그렇다고 미학적 판단이 지식의 참과 거짓을 구별하는 인식적 판단과 같은 것일까? 우리는 다양한 학문을 통해 인간, 사회, 자연 등 객관적 대상에 대한 지식을 얻는다. 그러나 예술작품에 대한 미학적 판단은 객관적 대상에 대한 인식적 서술과는 다르다. 미학적 판단은 주관적 감흥을 표현한 것이기 때문이다. 물론 객관적 대상에 대한 참된 인식, 즉 진리를 깨달았을 때 이러한 인식은 우리에게 감흥을 준다. 아르키메데스는 목욕 중 '부력의 원리'를 발견하고는 너무나 기뻐 '유레카'를 외치며 벌거벗은 채로 거리로 뛰쳐나왔다. 진리를 발견하는 기쁨은 이 세상에서 얻을 수 있는 최고의 기쁨일지 모른다. 그러나 예술작품은 객관적 대상에 관한 지식의 표현이 아니며, 따라서 예술작품을 보고 느끼는 주관적 감흥은 이러한 진리를 발견했을 때의 감흥과 같을 수 없다. 따라서 예술작품에 대해 참이냐, 거짓이냐라는 인식적 판단을 내릴 수는 없다.

이렇게 볼 때 미학적 판단은 선호 판단, 도덕적 판단, 인식적 판단과 다르지만, 미학적 판단을 제외한 세 가지 판단은 구조상 공통점을 가지고 있다. 이 세 가지 판단은 일정한 목적을 전제하고 있고, 이러한 목적의 달성과 관련한 판단이기 때문이다. 즉 선호 판단은 욕구나 필요 충족, 도덕적 판단은 도덕적 선의 실현, 그리고 인식적 판단은 진리 인식이라는 목적의 달성 여부에 따라 내려진 판단이라는 것이다. 이렇게 보면 미학적 판단은 아무런 목적도 전제하지 않는다. 미학적 판단의 대상인 예술작품은 그 자체로 가치를 가질 뿐 그 어떤 다른 목적을 위해 존재하는 것이 아니기 때문이다. 이런 점에서 예술작품은 '무목적성'을 특징으로 하지만, 굳이 목적을 말한다면 예술은 예술 자체가 목적이다.

이렇게 아무런 목적도 전제하지 않는 예술을 위한 예

술, 즉 예술지상주의적 입장에 따라 예술작품을 이해한 다면, 존재의 미학이란 욕구나 필요, 도덕, 진리라는 목적에 우리의 삶을 종속시키지 않고, 따라서 좋은 것과 나쁜 것, 도덕과 비도덕, 진리와 허위라는 이분법적 척도에 맞게 우리 자신의 삶을 창조하는 것이 아니다. 이런 점에서 존재의 미학은 우리의 삶 자체에 무한한 가능성을 열어놓을 뿐만 아니라, 어떤 다른 목적이 아니라, 그 자체로서 가치를 갖는 자기 창조적 삶을 말한다.

예술과 삶을 결합한 니체

푸코가 제시한 존재의 미학은 본래 니체에 기원한다. 니체 역시 푸코에 앞서서 예술을 인간의 삶과 연결하였다. 니체는 예술작품을 창조하는 것보다 더 고도의 예술이 있다고 말한다. 인간이 자기 자신을 창조하는 것, 바로 이것이 그 고도의 예술이다. 니체는 인간이 따라야 할 어떤 절대적 가치나 인생의 목적 같은 것이 존재한다고 보지 않았다. 따라서 그는 인간이 자신의 삶을 창조할 수밖에 없음을 숙명으로 간주했다. 이렇게 인간이 자기 자신을 창조하는 한 인간은 예술가이며, 인간의 삶은 예술작품일 수밖에 없다. 이런 점에서 니체는 예술을 단지 작가와 작품이 아닌 인간의 삶과 결합한 것이다.

그런데 이런 자기 창조는 철저하게 자기를 지배하는 힘을 요구하며, 그 어떤 것에도 구속되지 않는 자유 정신을 필요로 한다. 자기 창조가 내적 욕망이나 충동, 혹은 외적 영향에 따라 이루어진다면, 이는 내가 나를 창조한 것이 아니라, 남이 나를 창조한 것이나 마찬가지이기 때문이다. 따라서 이는 자유가 아니라, 복종을 의미한다. 이런 점에서 자기 창조의 주체는 그 어떤 것에도 흔들리지 않고, 자기 자신을 지배할 수 있는 자유 정신의 소유자이어야 한다. 그러나 이러한 자기 창조가 쉽게 이루어지는 것은 아니다. 니체는 지속적인 실천을 통해서만 인간이 자기 지배와 자유 정신의 주체가 될 수 있다고 본다. 이런 점에서 일상생활의 모든 영역에서 이루어지는 행동 하나하나를 예술가가 예술작품을 만드는 마음으로 수행하라고 말한다. 이런 과정을 통해서만 인간은 자기 삶의 창조자로서 우뚝 설 수 있기 때문이다.

낙타, 사자, 어린아이

니체에게 초인이란 바로 이런 자기 창조의 삶을 사는 사람을 말한다. 초인은 인생의 허무함에 절망하고, 오히려 허무함을 적극적으로 긍정하며 이를 자기 창조적 삶의 계기로 삼는 사람이기 때문이다. 그렇기에 초인은 항상 철저한 자기 지배와 자유 정신을 통해 현재의 제약을 넘어 인간의 무한한 가능성을 발산하며 산다. 니체는 흥미롭게도 이런 초인의 삶을 어린아이의 삶에 비유한다. 어린아이처럼 사는 것이 초인의 삶이라는 것이다. 물론 어린아이가 허무를 긍정하고 철저한 자기 지배의 삶을 사는 사람을 의미한다는 것은 아니다. 과연 인생의 허무함을 느끼는 어린아이? 상상하기 어렵다. 그렇다면 무슨 뜻일까?

니체는 먼저 낙타와 같은 삶을 말한다. 낙타는 평생 무거운 짐이 지고 사는 사람이며, 이 짐은 사회가 도덕, 관습, 의무라는 이름으로 우리에게 얹혀놓은 짐이다. 시대적으로 보면 서양 중세인은 기독교 사제의 권위와 신분제라는 짐을 지고 이에 복종하며 살았다. 니체는 낙타의 삶에 이어서 사자의 삶을 말한다. 사자는 세상을 향해 포효하는 사람이며, 이를 통해 세상의 권위를

무너뜨린다. 시대적으로 보면 중세의 권위에 저항하고, 이를 무너뜨린 근대인의 모습이다. 그렇다면 어린아이는? 니체가 어린아이를 비유해서 말하고자 한 것은 '놀이 같은 삶'이다. 어린아이는 무슨 의무감에 따라 살지도 않고, 그렇다고 무언가에 저항하며 사는 것도 아니다. 어린아이의 삶은 놀이 같고, 놀이처럼 즐겁다는 것이다. 놀이에는 목적이 없다. 어린아이가 놀이하는 것은 이를 통해 감각적 욕구를 충족하거나 어떤 유용함을 얻기 위한 것도 아니며, 도덕이나 진리를 실현하려는 것도 아니다. 어린아이는 별도의 목적 달성 여부에 따라 놀이를 평가하지 않는다. 어린아이에게 놀이는 그 자체가 목적이라면 목적이다. 이런 점에서 어린아이에게 놀이는 이 모든 것에서 벗어난 완전한 자유로움 속에서 진행된다. 놀이가 즐겁다면, 이는 다른 무엇 때문

이 아니라, 이런 자유로운 놀이 자체가 주는 즐거움일
것이다.

이렇게 세 가지 삶의 모습을 구별해 본다면 삶을 예술
작품으로 창조한다는 것은 세상에 복종하며 세상이 얹
혀놓은 짐을 지고 의무감에 따라 사는 삶이 아니다. 그
렇다고 세상이 절대시하는 모든 권위에 저항하며, 이를
허물어뜨리려는 삶도 아니다. 자기 창조적 삶은 그 자
체가 목적이며, 삶의 즐거움이란 철저한 자유 정신하에
자기 자신을 지배하는 데서 오는 즐거움이다. 이런 점
에서 니체는 '자기 지배의 기쁨'에 대해 말하기도 한다.

성적 욕망과 자기 창조

푸코는 자기 지배의 기쁨을 주는 자기 창조적 삶을 실
제 사례를 통해 설명하려고 하였다. 기원전 4세기 무렵
고대 그리스 시대의 성적 담론을 통해 알 수 있는 고대
그리스인의 삶이 그것이다. 고대 그리스인들은 성적 욕
망에 절도를 부여하려고 하였는데, 푸코는 이를 자신
의 삶을 예술작품처럼 만들려는 시도로 본 것이다. 고
대 그리스의 성적 담론에 따르면, 성적 욕망은 성적 행
위를 유발하고, 성적 행위는 쾌락을 제공하고, 쾌락은

다시 성적 욕망을 일으키는 3원적 순환체계 속에 있다. 이런 전제하에서 고대 그리스인들은 성적 욕망을 다스리는 문제를 자기관리의 핵심 요소로 삼았다. 그러나 이러한 자기관리가 성적 욕망의 포기를 말하는 것은 아니다. 이들은 성적 욕망을 인간에게 자연적인 것으로 보았다. 그리고 이들은 성적 욕망과 쾌락을 도덕적 옳고 그름의 문제로 보지 않았고, 성적 욕망과 쾌락의 참된 본성을 인식하거나 하는 일에는 아무런 관심이 없었다. 고대 그리스인들이 염려의 대상으로 삼은 것은 어느 지점까지, 어느 정도까지 성적 욕망을 충족할 것인가 하는 문제였다. 그래서 이들은 성적 욕망을 포기하는 것이 아니라, 삶의 과정에 맞게 적절하게 안배하려고 했고, 자신의 나이, 성별, 지위 등 개인적 조건을 고려하여 성적 행위의 적절한 시점을 선택하려고 하였다. 이런 점에서 성적 욕망을 충족하는 행위는 어떤 일반적 규칙에 따르는 것이 아니라, 자신을 개성화하는 대상이었다. 다시 말해 성적 행위는 자기 창조의 문제였다는 것이다.

이렇게 고대 그리스인들이 성적 욕망을 스스로 관리하려고 한 것은 성적 욕망이 주는 쾌락이 너무 강렬하여 자신이 그 절대적 지배력에 예속되어 성적 욕망과 쾌락의 노예가 될 수 있다는 염려 때문이었다. 고대 그리스인들은 성적 욕망을 관리하지 못하고 성적 욕망의 노예가 된다는 것을 일종의 수치스러운 일로 보았고, 자신과 타인으로부터 아름다운 존재로 인정받는 삶을 살고자 했다. 그래서 이들은 성적 욕망이라는 자연적 충동의 힘에 지배당하지 않으려 했지만, 그 방법이 도덕적 옳음이나 성적 욕망에 관한 어떤 진리를 인식하고 이에 따르는 것은 아니었다. 오히려 고대 그리스인들은 이들 모두의 강제에서 해방되어 자기 자신의 자유로움을 느끼려 했다. 다시 말해 성적 욕망을 충족하면서도 이를 관리하면서 자기 자신의 자유로움을 느끼고, 또한 드러내려 했다는 것이다. 고대 그리스인들은 이러한 자유로움이 자신과 타인이 인정하는 아름다운 존재가 되는 길이라고 생각했고, 바로 이 때문에 자기 자신에 대한 희열을 느낄 수 있다고 생각했기 때문이다.

우리도 하루하루를, 그리고 일상에서 겪는 선택의 순간마다 이렇게 내적 충동에 종속되는 것도 아니고, 외부에서 오는 어떤 권위에 복종하는 것이 아니라, 나의 자유로움을 느끼고, 나의 자유로움을 발산하며 살 수는 없을까?

제5부

니힐리스트는
혼자가 아니다

제5부 니힐리스트는 혼자가 아니다

제1장 간헐적 니힐리스트

제2장 세상을 조롱한 철학자

제3장 사랑

제4장 니힐리스트 사회

제1장

간헐적 니힐리스트

먼지 같은 인생

내가 아는 중문학자가 있다. 이분은 중국 한시(漢詩)에
능하다. 15여 년 동안 친목한 사이지만, 나보다 10년 연
상이다. 지금은 대학교 교수직에서 물러나, 용문산 근
처 작은 마을에 작은 집을 짓고 홀로 사신다. 시간 나는
대로 정원에 나가 나무나 화초를 돌보시고, 마을 사람
들과 세상사 논하시다 고민 상담도 해 주신다. 그리고
거의 매일 막걸리를 드신다. 이게 이분의 일상이지만
어느 잡지에 정기 칼럼도 쓰신다. 하루는 이분의 글에
서 중국 한시 중 감명 깊은 구절들을 읽게 되었다("홍

광훈의 산인만필 22", 〈이코노미 조선〉 2023년 2월).

이 세상 인간의 삶은 바람에 날리는 먼지와 같다.
인간의 삶은 뿌리도 받침도 없기에 길가에 먼지처럼 흩날린다.

앞의 구절은 시인 조조의 아들 조식의 시에서 나온 시구이고, 뒤의 구절은 도연명의 시구이다. 그런데 이들은 왜 인생을 먼지에 비유했을까? 먼지는 쉽게 식별할 수 없을 정도로 작다. 따라서 인생을 먼지에 비유한다는 것은, 그만큼 무한한 우주에 비해 인간의 삶만이 아니라, 이 삶을 사는 인간 자체가 너무나 미미한 존재라는 뜻이다. 그리고 먼지는 한순간에 사라져 버린다. 따라서 인생을 먼지에 비유한 것은, 그만큼 장구한 세월에 비해 인간의 삶이 찰나에 불과한 것 아니냐는 뜻이기도 하다.

만약 여러분이 이처럼 인생이 미미하고, 찰나와 같다고 생각한다면, 인생에 대해 어떤 느낌이 들까? 허무함, 이 한마디면 족하지 않을까? 인생이 먼지처럼 작고, 먼지처럼 일순간에 불과하고, 결국 먼지처럼 사라진다면, 인생사 모든 것이 무가치하고 허망해 보이는 것은 아닐까? 더구나 그 미미하고 일순간에 불과한 것에 집착하는 사람들을 보면 우습게 느껴지지는 않을까? 만약 그렇다면 조식의 시든, 도연명의 시든 이들은 다 니힐리스트가 느끼는 인생의 허무함을 먼지에 비유한 것이다.

허무함이 깊어지면 삶이 어려워진다. 허무함은 삶의 의미를 잃게 하고, 삶에 절망하게 하고, 결국 삶의 의욕 상실로 이어질 수 있다. 더구나 허무하기 짝이 없는 이 인생이 괴로운 일로 가득 차 있다면, 과연 미미하고 일 순간에 불과한 인생을 지속할 필요가 있을까? 그러나 진정한 니힐리스트는 이 허무함을 자기 창조의 계기로 삼는다. 세상사의 의미를 스스로 정하고, 자신의 삶을 창조하며, 삶의 주인이 되려고 한다. 그러나 진정한 니힐리스트가 되는 것이 쉬운 일은 아니다.

짐승과 초인 사이에서

니체는 인간이 짐승과 초인 사이에서 위험한 곡예를 하고 있다고 말한다. 그것도 아주 깊은 심연 위에 매여 있는 밧줄에서 말이다. 한번 생각해 보자, 내가 지금 밧

줄 위에 서 있다. 뒤로 가는 것도 위험하고 앞으로 가는 것도 위험하다. 그렇다고 가만히 서 있자니 눈 아래로 보이는 심연 때문에 다리가 후들거린다. 짐승은 삶 자체를 문제 삼지 않고, 삶의 이유나 목적에 대한 의식 자체가 없다. 그렇기에 짐승은 본능에 따라 정해진 삶을 산다. 그러나 인간이 짐승처럼 살 수 있을까? 짐승처럼 보이는 사람도 있겠지만, 인간이 자신의 삶에 대해 한 번도 고민해 보지 않는다는 것은 생각하기 어렵다.

초인은 이 세상이 존재하게 된 이유나 목적, 인생의 이유나 목적, 이런 것이 없다고 생각한다. 따라서 초인에게는 이 세상이나 인생 자체가 무(無)의미하다. 그러나 이것은 절망의 원인이 아니라, 오히려 완전한 자유의 계기이며, 이 자유를 통해 이 세상이나 인생의 의미와 가치를 창조한다. 하지만 인간이 초인이 되기는 쉽지 않다. 인간은 이 세계가 존재하는 이유와 목적 그리고 인간의 삶의 이유와 목적을 말하는 어떤 절대적 존재가 있다면 여기에 의존하려고 하기 때문이다. 그렇기에 그 무엇에도 의존하지 않고, 스스로 가치의 창조자가 되기 위해서는 자신을 지배하는 힘이 필요하고, 무엇보다도 자신에게 강한 사람이 되어야 한다.

간헐적 허무

니체가 말하는 초인은 이상적 인간상이다. 그러나 누구에게나 허락된 이상적 인간상은 아니다. 초인은 오직 인생의 허무를 긍정하면서도 그 무엇에도 의존하지 않는 진정한 니힐리스트만이 추구할 수 있는 이상적 인간상이다. 그러나 간헐적 니힐리스트도 있다. 부, 권력, 학벌, 외모 등 사람들이 흡사 절대적 가치가 있다고 생각하는 것들에 얽매여 있으면서도, 간헐적으로 이 모든 것이 헛됨을 느끼는 사람이 있다. 이런 니힐리스트는 인생의 허무함을 간헐적으로만 느끼기에 인생의 허무함을 자기 창조의 계기로 삼는 초인의 길로 들어서지는 못했다. 그렇다고 인생의 허무함 때문에 인생을 포기한 사람도 아니다. 그렇다면 간헐적으로 느끼는 인생의 허무함이 무슨 의미가 있을까?

간헐적 니힐리스트에게 인생의 허무함이란 잠시나마 인생의 고통에서 벗어나는 탈출구 역할을 한다. 간헐적 니힐리스트는 부, 권력, 학벌, 외모 등 사람들이 생각하는 어떤 절대적 가치에 얽매여 있기에, 이를 통해 기쁨도 얻지만, 이를 통해 많은 고통도 느낀다. 그러나 이런 고통 앞에서 인생의 허무함을 느끼면 역설적으로 그 고통에서 벗어날 수 있다. 세상만사 아무것도 아니고, 인생도 아무 의미가 없는데, 부와 권력이 없다고 실망할 것도, 그 알량한 학벌이나 외모 때문에 괴로워할 필요도 없는 것 아닌가?

인생의 허무함을 노래한 중국의 오랜 시들은 곧이어 술을 권한다. 한바탕 술을 마시며 인생의 허무함을 노래하면, 세상만사 모든 괴로움에서 잠시나마 벗어나기 때문이다. 나는 이렇게 허무를 노래하는 사람들이 간헐적 니힐리스트라는 생각이 든다. 중국 당나라 시대의 시인이며, 시선(詩仙)으로 불리는 이백의 '춘일취기언지(春日醉起言志)'라는 시를 읽어보자.

> 세상살이 큰 꿈 같으니, 어찌 이 내 삶 힘들게 하리! 종일 취해, 기둥 밑에 누웠네. 깨어나 뜰 앞 바라보니, 새 한 마리 꽃 사이에서 운다.

이백이 보기에 세상사 모든 것이 꿈같다. 진짜도 아니고 가짜이고, 깨어나면 사라지는 환상에 불과하다. 꿈속에서 억만장자가 되고, 권력자가 되고, 부귀영화를 누리고, 그런가 하면 누군가에 쫓기고, 도망가고, 낭떠러지에서 떨어지지 않으려고 안간힘을 쓰고. 이런 꿈을 꾸다 깨어나면 허탈함 때문에 인생이 허무하게 느껴지기도 한다. 이백은 인생이 한낮 꿈같은 것인데, 인생 때문에 괴로워할 까닭이 있겠냐고 반문한다. 그리고 괴로움이 있어도 술에 취해버리고 나면, 꽃 보고 새소리 들을 때처럼 모든 시름에서 벗어날 수 있지 않냐고 반문한다.

당나라보다 700여 년 전인 1세기경 중국 후한 때의 시라고 전해진 '고시십구수(古詩十九首)'에도 유사한 구절이 나온다.

> 사는 해는 백 년도 채우지 못하는데, 언제나 천 년의 근심을 품고 있구나. 낮은 짧고 밤은 길어 괴로우니, 어찌 촛불 잡고 놀지 않겠는가? 즐기기는 때맞춰서 해야지, 어찌 앞날을 기다릴 텐가?

술을 권하다

인생을 꿈에 비유하지는 않았지만, 아무리 오래 살아도 불과 100년도 안 되는 인생인데 무슨 근심이 그렇게 크냐고 묻는다. 물론 이것은 말일 뿐이다. 고통스러운 인생을 사는 사람에게 이런 말을 해보았자, 고통이 사라지지 않는다. 그렇기에 누군지는 모르지만, 인생을 달관한 그 어떤 시인은 밤새 촛불이라도 켜고 술 마시고 취하자고 말한다. 100년도 안되는 인생, 사실 아무것도 아니라고 생각하면 그만인데, 다시 말해 허무한 인생, 니힐리스트로 살면 그만인데, 그게 어려우니 술을 마시라는 것이다. 시인들이 술을 권한 것은 인생의 허무함을 깨닫고, 허무함을 즐기라는 뜻인 것 같다. 그래야 세상이 준 괴로움에서 벗어날 수 있으니까.

아마도 술에 관한 한 최고의 시는 이백이 지은 '술을 권한다'는 뜻의 '장진주(將進酒)'일 것이다. 과연 장진주만큼 술에 취해 모든 것 다 잊어 보자고 장쾌하게 술을 권한 시가 있을까?

> 그대는 모르는가? 황하의 강물이 하늘에서 내려와 바다로 흘러가 돌아오지 않음을. 그대 모르는가? 아침에 푸른 실 같던 머리, 저녁엔 눈처럼 세었다고, 고대광실 환한 거울 앞에서 흰머리 슬퍼함을. 모름지기 인생은 마음껏 즐겨야지. (…) 양 삶고 소 잡아서 즐겨야지. 한번 마셨다면 삼백 잔은 마셔야지. (…) 한 잔 드시게나. 잔 멈추지 마시고. (…) 풍악 소리 살진 안주 대단할 것 없네, 오로지 원하는 건 내내 취해 안 깨

는 것. 옛날 성현들의 흔적은 사라졌지만, 오직 술고래만은 이름을 남겼다네. (…) 귀한 말, 값진 갑옷 살진 술과 바꾸어 (…) 만고의 시름 녹여나 보세.

이백의 시가 노래한 것은 간단하다. 허무한 인생 괴로워하지 말고, 술 마시며 즐겨라! 아무리 세상 사람의 존경을 받는 성현이든, 아무리 세상 사람이 탐내는 귀한 말과 값진 갑옷이든 다 허망하다. 세월이 지나면 머리는 백발이 되고, 흘러간 물은 되돌아오지 않는다. 그러나 모든 것이 다 무로 돌아가는 허무함 앞에서 괴로워할 것이 아니라, 차라리 즐겨야 하지 않을까? 술에서 깨어나면 다시 인생의 고통에 빠져들더라도 말이다.

우리나라 사람들은 술을 많이 마신다. 기뻐서 한 잔, 슬퍼서 한 잔. 결혼식에서도 한 잔, 장례식에서도 한 잔. 그리고 무엇 때문에 술을 마시는 것이 아니라, 그저 술이 좋아서 술을 마시기도 한다. 그래서 그런지 우리나라가 OECD 회원국 중에서 가장 술을 많이 마시는 나라라고 한다. 한 잔 술에 잠시라도 세상 시름 잊을 수 있다면 뭐가 문제일까. 그러나 술을 마시면 안 될 사람도 있다. 내가 아는 사람은 술에 취해 노상 방뇨하다 경찰관에 걸리자, 아예 파출소를 난장판으로 만들었다.

또 어떤 사람은 술에 취하면 도로로 나가 누군가와 열띤 토론도 벌이고, 소리도 지르고, 껴안기도 한다. 누구랑 그런가 봤더니 전봇대였다. 술만 마시면 울고, 부수고, 싸우는 사람도 있다. 한마디로 술만 마시면 '개'가 되는 사람도 있다. 물론 술 마시지 않아도 개 같은 사람은 곳곳에 있다. 어쨌든 이런 사람은 술을 마시지 말아야 한다. 술 마시며 세상 시름 다 잊는 것이 아니라, 술이 인생을 더 어렵게 만든다.

잠시나마 고통에서 벗어날 수 있을까?

인생의 허무함을 받아들이며, 더구나 이를 즐길 수 있으면, 세상사가 주는 고통에서도 벗어날 수 있다. 그러나 그것이 꼭 술이어야 할 필요는 없다. 허무함을 즐길 방법이 많으면 많을수록 좋다. 높은 산에 올라 발밑에 깔린 드넓은 세상을 보면 머릿속 가득한 욕심, 그로 인한 고민과 갈등, 괴로움이 다 헛된 것처럼 느껴지고, 밤하늘의 별을 보며, 우주를 생각하면, 부, 권력, 학벌, 외모가 마치 절대적 가치라도 되는 양 서로 가지려고 바둥거리는 모습이 다 우스워 보인다. 어쨌든 방법이 무엇이든 인생이나 세상만사가 먼지 같은 것이고, 꿈같은 것이고, 다 허무한 것이라 말할 수 있다면, 그 순간이나마 사람들은 인생의 고통에서 벗어날 수 있다.

간헐적 니힐리스트는 인생의 허무함을 느끼며 인생의 고통에서 잠시나마 벗어나는 사람이다. 그러나 인생의 허무함을 즐기며, 인생의 고통을 잊는다고 해도, 다시 인생의 고통에 빠진다. 이런 반복에서 벗어날 수는 없을까? 누구나 인생의 허무함을 즐기면서, 지금까지 나를 옥죄었던 절대적인 것들을 하나씩, 하나씩 허물어뜨린다면, 그리고 어느덧 자기 창조적 삶으로 한 걸음, 한 걸음 나아간다면, 우리는 어느새 초인을 향해 밧줄을 넘어갔는지도 모른다.

인생의 허무함을 받아들이며, 더구나 이를 즐길 수 있으면, 세상사가 주는 고통에서도 벗어날 수 있다. 그러나 그것이 꼭 술이어야 할 필요는 없다.

제2장

세상을 조롱한 철학자

'개 같은 놈' 디오게네스

르네상스 시대의 화가 라파엘로는 1509년 교황 율리우스 2세의 요청에 따라 바티칸 궁전에 오늘날 〈아테네 학당〉이라고 불리는 벽화를 그렸다. 이 벽화에는 54명의 고대 그리스 철학자들의 모습이 담겨 있다. 정중앙에는 플라톤과 아리스토텔레스가 있고, 이들 발밑에는 남루한 차림의 철학자가 그려져 있다. 디오게네스이다. 고대 그리스 철학의 대표자인 플라톤은 동시대의 철학자이자, 자신처럼 소크라테스의 제자였던 디오게네스를 가리켜 '미친 소크라테스'라고 했다. 그리고 플라톤은 그를 가리켜 '개'라고 지칭하기도 했다. 직설적으로 말한다면 플라톤은 디오게네스에게 '개 같은 놈'이라고 욕한 것이다. 디오게네스는 정말 개 같은 철학자였을까?

그와 동명이인이었던 디오게네스 라에르티오스가 쓴 「유명한 철학자들의 생애와 사상」을 보면, 그는 누더기를 겹겹이 입고, 길거리에 있는 커다란 항아리를 거처로 삼았고, 씻지도 않은 몰골로 매일매일 구걸하며 거지로 살았다. 그렇다면 플라톤은 디오게네스를 그냥 거지라고 부르지 왜 '개' 같은 놈이라고 욕까지 했을까? 디오게네스는 먹을 것이 있으면 아무 데서나 먹었고, 사람들이 오가는 광장에서도 '자위'를 했다고 한다. 그리고 그는 실제로 개의 생활방식을 찬양했고, 사람들은 그의 무덤 위에 개의 동상까지 세워주었다. 이런 사람을 보면 누구나 더럽고 추하다고 피해 다니기 십상이었을 것이다. 더구나 아테네 최고의 명문 귀족 출신인 플라톤 같은 사람이라면 더더욱 그랬을지도 모른다. 하지만 그렇다고 개 같은 놈이라고 욕까지 할 이유가 있었을까? 그 이유는 디오게네스가 단지 개 같이 살았기 때문이 아니라 사람들을 조롱했기 때문이다. 디오게네스는 신분, 출신, 지위, 권력, 명성, 부를 과시하는 사람

들, 헛된 야망이나 그릇된 쾌락에 사로잡혀 있거나 사악한 행동을 일삼는 사람들을 조롱했다. 그리고 그는 사치스러운 옷이나 진수성찬, 헛된 인습에 매여 사는 사람들도 조롱했다. 많은 일화가 있다. 디오게네스가 광장에서 사람들을 부르자 주변 사람들이 모여들었다. 디오게네스는 이들을 보고 자신이 사람을 불렀지, 언제 쓰레기를 불렀냐고 일갈했다. 디오게네스가 자신의 고향인 시노페에서 추방당하자, 반대로 자신이 시노페 사람들에게 고향에 머물도록 선고한 것이라고 조롱했다. 어느 부자가 호화로운 저택에 디오게네스를 초대하고는 아무 데나 침을 뱉지 말라고 하자, 디오게네스는 그의 얼굴에 침을 뱉었다. 그의 얼굴보다 더러운 곳을 찾지 못했다는 것이다. 어떤 사람들이 디오게네스에게 마치 개 다루듯 뼈다귀를 던져주자, 디오게네스는 이들에

게 개처럼 오줌을 갈겨버렸다. 이뿐만이 아니다. 디오
게네스는 타인의 잘못은 철저히 찾아내면서도 자신의
잘못은 모르는 사람, 악기 줄은 잘 조율하지만, 자신의
마음을 조율하지 못하는 사람, 해와 달의 움직임은 알
면서도 자기 발밑도 보지 못하는 사람, 탐욕을 비판하
면서 정작 자신은 돈 많기를 원하는 사람, 부유함보다
정의가 더 중요하다고 강변하지만, 부자를 부러워하는
사람, 이런 사람들을 조롱했다. 그리고 그는 진짜 인간
을 찾는다며 대낮에 등불을 켜고 다니기도 했다.

이렇게 디오게네스가 세상을 마음껏 조롱할 수 있었던
것은 그가 니힐리스트였기 때문이다. 그에게는 신분,
출신, 지위, 권력, 명성, 부 같은 것은 아무런 가치도 지
니지 않는다. 이런 것들은 한낱 인간이 만들어낸 허황

된 것에 불과했다. 이 때문인지 디오게네스는 이런 인위적인 것들이 무슨 절대적 가치라도 지닌 양 이를 과시하고, 더 많이 가지려고 집착하는 사람들을 비아냥거렸다.

알렉산드로스 대왕과 디오게네스

그런데 디오게네스가 마음껏 세상을 조롱했지만, 그의 말에는 남다른 데가 있었고, 사람들의 마음을 사로잡곤 했다. 그는 남을 조롱하는 데만 탁월했던 것이 아니라, 인생에 대한 깊은 통찰을 보여주기도 했기 때문이다. 그래서 그랬을까? 마케도니아 왕국의 군주로서 그리스는 물론 지중해 전역과 인도 북서부에 이르기까지 대제국을 건설한 알렉산드로스 대왕이 디오게네스를 찾아오기도 했다. 알렉산드로스 대왕이 디오게네스에게 무엇이든 원하는 것을 들어주겠다고 하자, 제발 햇빛이나 가리지 말라고 했다는 것은 널리 알려진 이야기이다. 알렉산드로스 대왕이 또 물었다. 왜 자신을 무서워하지 않느냐고. 그러자 디오게네스는 사악한 사람을 무서워해도, 선한 사람을 무서워하는 사람도 있냐고 반문했다. 그렇지 않다면 혹시 당신은 나쁜 사람이냐고 비꾼 것이다. 알렉산드로스 대왕이 디오게네스에게 왜 사람들은 당신을 개라고 지칭하느냐고 묻자, 자신은 은혜를 베푸는 사람에게는 꼬리를 치지만 나쁜 사람은 물어버리기 때문이라고 답했다.

알렉산드로스 대왕과 디오게네스와의 만남은 이렇게 끝났지만, 알렉산드로스가 마지막으로 남긴 말은 무척이나 인상적이다. 자신이 알렉산드로스가 아니었다면, 디오게네스처럼 살았을 거라는 것이다! 이 말은 무슨 뜻일까? 알렉산드로스 대왕도 거지처럼 살고 싶다는 뜻일까? 아니면 그런 디오게네스처럼 살 수는 없지만, 그의 인생관을 흠모한다는 뜻일까? 만약 후자라면 디오게네스의 인생관은 무엇이었을까?

자연 그대로, 있는 그대로

디오게네스에게는 분명한 인생관이 있었다. 그것은 자연 그대로, 있는 그대로 살자는 것이다. 디오게네스는 사람들이 만들어낸 인위적인 욕구를 배격한다. 세상의 신분, 출신, 지위, 권력, 명성, 부, 이 모든 것은 사람들이 만들어낸 것이다. 따라서 이를 얻으려는 욕구 역시 인위적인 것이다. 그리고 고향이나 국적, 이런 것도 사람들이 인위적으로 구분한 것이다. 디오게네스는 인위적인 것들이 바로 인위적인 것들이란 점에서 아무런 절대적 가치도 지니지 않는 헛된 것이라고 생각했고, 이 때문에 이런 모든 것에 무관심했다. 그래서 그는 아무것도 가진 것 없이 살면서 단지 자연적인 필요와 욕구만 충족하며 살았다.

이렇게 사는 것이 과연 쉬운 일일까? 춥고 배고픈 거지 생활은 둘째치고, 자신을 경멸하는 사람들의 냉소적 눈초리를 견뎌 낼 수 있었을까? 사실 디오게네스처럼 모든 인위적인 것에 무관심하고 이를 배격하기 위해서는 철저한 자기 통제가 필요하다. 그에게 '개' 같은 놈이라고 욕하는 사람들 앞에서도 자신의 개 같은 삶을 유지하는 것은 아무나 할 수 있는 일이 아니다. 더구나 디오게네스는 거지 같은 삶, 개 같은 삶만이 아니라, 인위적인 것에 매여 사는 사람들을 조롱까지 했으니, 그의 삶은 철저한 극기만이 아니라 초인적 용기가 없으면 불가능했을 것이다.

모든 인위적인 것을 포기할 수 있다면, 인간의 삶은 정말 단순해진다. 무엇하나 필요치 않은 자족적인 삶이 될지도 모른다. 그러나 가진 것이 많은 사람만이 아니라, 가진 것이 없는 사람도 신분, 출신, 지위, 권력, 명성, 부 등 인위적인 것들에 절대적 가치를 부여할 뿐만 아니라, 이를 얻으려는 욕구에 사로잡혀 있다면, 인간이 만들어낸 인위적인 것이 역으로 인간을 지배하게 된다. 하지만 이런 인위적인 것들에 절대적 가치를 부여하지 않는다면, 따라서 이를 갖기 위한 욕구에서 벗어날 수 있다면, 그 무엇에도 속박되지 않는 완전한 해방 상태에 도달할지도 모른다. 다시 말해 가진 것이 없어, 잃을 것도 없다면, 그 무엇에도 영향받지 않고 자유롭게 살 수 있다는 것이다.

그러나 과연 인간이 동물처럼 사는 것을 진정 자유롭다고 말할 수 있을까? 그저 자연적으로 주어진 본능적 욕구에 따라 사는 삶은 오히려 본능에 지배당하는 삶은 아닐까? 더구나 인간에게 인위적인 것을 다 배격하고 자연 그대로 산다는 것이 과연 가능한 일일까? 만약 그렇다면 인간은 사회가 아니라, 자연 속에서 혼자 살아야 하지 않을까? 그러나 디오게네스조차 어느 산속에서 홀로 산 것이 아니라, 사람들이 모여 사는 사회 속에서 살지 않았던가?

법정 스님의 무소유

2010년 79세의 나이로 입적한 법정 스님은 '무소유' 사상으로 유명하다. 그는 쌍계사, 통도사, 해인사 등에서 불도에 정진했고, 1997년부터는 성북동 길상사에서 불법을 설파했다. 그의 무소유 사상이 담긴 「무소유」라는 산문집에는 그가 겪은 일화가 소개되어 있다. 법정 스님은 혼자 사는 거처에서 난초 두 그루를 키운 적이 있다고 한다. 그것도 그냥 키운 것이 아니라, 애지중지, 지극정성으로 난을 키웠다. 법정 스님은 난에 관한 서적을 탐독하며 난을 키웠고, 난에 좋은 비료를 찾아다니며 난을 키웠고, 여름이나 겨울이나 최적 온도를 맞춰주며 난을 키웠다. 난은 은은한 향기를 품어냈고, 연둣빛 꽃을 피우며 보답했다. 그래서 그랬을까? 법정 스님은 난이 어떻게 되지나 않을까 걱정하는 마음에 먼 길을 떠날 수도 없었고, 잠시나마 거처를 비울 때도 환기는 잘 되는지, 햇볕이 너무 내리쬐지는 않는지 노심초사할 수밖에 없었다.

디오게네스라면 법정 스님을 조롱했을 것이다. 본래 난이 나고 자라던 자연을 버리고, 왜 난을 집에서 인위적으로 키우느라 저 고생을 하느냐며 비난했을 것이다.

법정 스님은 곧 깨달았다. 그러나 법정 스님이 깨달은 것은 난 키우는 것이 인위적인 욕구라는 것이 아니라, 자신이 소유물에 집착하고 있다는 점이었다. 다시 말해 자신이 난 때문에 노심초사하는 것은 난 자체 때문이 아니라, 난이라는 소유물에 대한 집착 때문이고, 이처럼 소유물에 대한 집착이 인간의 삶을 고통스럽고 비참하게 만든 근본적 원인이라는 것이다. 법정 스님은 3년 가까이 애지중지 키운 난을 친구에게 선뜻 주었다. 그리고 그는 모든 얽매임에서 벗어난 '무소유'의 해방감을 잠시 만끽했다.

법정 스님이 말하는 무소유란 아무것도 소유하지 말라는 뜻은 아니다. 사람이 살면서 어떻게 가진 게 없을 수 있겠는가. 더구나 사회 속에서 산다면 타인과 관계가 형성되고 역할과 의무도 생기고, 사회적 지위는 물론 권력도 갖게 된다. 그가 말하는 무소유는 소유물이 많든 적든 소유물에 집착하지 않는 태도를 말한다. 인간은 태어날 때 아무것도 가지고 오지 않았고, 또한 죽을 때 아무것도 가지고 가지 않는다. 인간이 가지고 있는 소유물은 인연에 따라 있는 것이고, 인연이 다하면 사라질 뿐이다. 인간의 몸조차 그렇다. 사람들은 필요에 따라 소유물을 갖는다. 그러나 소유물에 집착하면 소유물이 도리어 나를 지배한다. 법정 스님은 이점을 깨달은 것이다.

그런데 법정 스님의 깨달음은 단지 일상생활로 그치지 않았다. 법정 스님은 무소유의 관점에서 인류의 역사를 상상해 보기도 한다. 즉 지금까지 인류의 역사는 소유의 역사였고, 더 많은 소유물을 갖기 위해 서로 싸웠던 갈등의 역사라는 것이다. 물론 더 많이 가지려는 것은 더 많이 필요하기 때문은 아니다. 사람들은 필요하지 않더라도 더 많이 가지려 하고, 더 많이 가지기 위해 타인을 지배하려고까지 한다. 법정 스님의 눈에는 이게 소유물에 대한 집착이고, 이 때문에 개개인만이 아니라, 나라와 나라가 싸웠다. 법정 스님은 반문한다. 인류의 역사가 무소유의 역사로 틀을 바꾼다면 갈등과 싸움이 사라지는 것 아니냐고.

추구하지만, 집착하지 않는다

디오게네스에게는 물 떠먹는 데 쓰는 호박 사발이 있었다. 그런데 개가 호박 사발 없이도 물을 마시는 것을 보고는 이것마저 버렸다고 한다. 디오게네스는 가진 것이 없는 거지였다. 이런 점에서 그는 무소유의 인간이었다. 그리고 그는 물건만이 아니라, 신분, 출신, 지위, 권력, 명성, 부 등 인간이 만들어낸 모든 것에 무관심했다. 법정 스님이 무소유를 말한다고 해서 비단 그 대상이 어떤 물건에만 있는 것은 아니다. 그것이 무엇이든 한번 가지면 놓지 않으려 하고, 지금보다 더 많이 가지려 하면 이게 다 소유에 대한 집착이기 때문이다.

그렇다면 어떻게 살아야 할까? 자연적인 필요나 욕구만을 충족하면서 살아야 할까? 아니면 자연적인 것 이외에 아무것도 하지 않는 것이 아니라, 무언가를 추구하지만, 이에 집착하지 않는 삶을 살아야 할까? 디오게네스가 무소유의 극단적인 사례라면, 법정 스님은 인위적인 것에 대한 욕구를 소유물에 대한 집착으로 풀어낸 것일지도 모른다. 그러나 디오게네스이든 법정 스님이든 많이 가지면, 많이 행복하다는 삶의 태도를 배격한다는 점에서는 다를 것이 없다. 니힐리스트의 삶 역시 이와 다르지 않을 것이다.

제3장

사랑

니힐리스트는 자기 자신이 광활한 우주에 아무런 이유도 목적도 없이 홀로 내던져져 있음을 안다. 그러나 홀로 내던져져 있음을 감당하는 것이 쉬운 일은 아니다. 광활한 우주에 홀로 내던져져 있음을 의식할 때면 모골이 송연해지고, 어느덧 불안과 고독이 엄습한다. 불안과 고독은 니힐리스트의 숙명인지도 모른다. 그러나 니힐리스트가 꼭 불안과 고독 속에서 살아야 하는 것은 아니다. 불안과 고독이 너무나 심하면 아무리 니힐리스트라도 니힐리스트이기를 포기한다. 뭔가 절대적인 것, 그것이 가짜고 우상에 불과한 것이라도 거기에 매달린다.

그러나 사랑은 니힐리스트가 진짜 니힐리스트로 살아가는 데 안식처를 준다. 사랑한다는 것이 상대방을 누구도 대신할 수 없는 고유한 존재로 인정하고, 각자 자신의 고유성을 자유롭게 발휘하며 살도록 서로 공감하고 협력하는 것이라면 말이다. 사랑은 이럴 때 아무런 이유도 목적도 없이 이 광활한 우주에 내던져진 우리 자신에게 각자 자신의 잠재성을 마음껏 발휘하는 해방적 기회를 제공할 뿐만 아니라, 불안과 고독이 아닌 타인과 하나 됨이 주는 존재의 충만감마저 안겨준다. 니체는 친구 간의 사랑, 즉 우정에서 이런 가능성을 보았고, 사르트르는 보부아르와의 계약 결혼을 통해 이를 경험했다.

사랑의 풍속도

사람들은 사랑이 행운처럼 찾아온다고 생각한다. 자신이 꿈에 그리던 이상형을 만나야 사랑할 수 있다고 생각한다. 틀린 말은 아니다. 이상형을 만난다면 분명 행운이다. 그리고 그 사람과 사랑한다면 이 세상 모든 것에 감사할 것이다. 하지만 이상향을 만나도 그 사람이 나를 사랑하리라는 보장은 없고, 설사 그 사람이 나를 사랑해도 사랑이 지속하리란 법도 없다. 사랑은 변한다. 영화 〈봄날은 간다〉에서 유지태는 "사랑이 왜 변하니"라고 반문하지만, 사랑은 감정이고, 감정은 변한다. 그리고 감정이 변하면, 사랑은 깨지고, 이별하고, 배신하고, 고통과 상처만 남길 수 있다. 그렇기에 "사랑이 무어냐고 물으신다면, 눈물의 씨앗이라고 말하겠어요", 이런 대중가요 가사까지 나온 것 아닌가? 이 노래는 1970년대에 유행하던 나훈아의 노래다. 이런 옛날 노래가 요즘 젊은 세대의 마음에 와닿을 리 없다. 하지만 그 시대엔 사랑이 비극적으로 끝나더라도, 사랑하던 순간만큼은 열렬했다. 당시 나훈아의 최고 경쟁자였던 남진의 노래 〈미워도 다시 한번〉이 그것을 말해준다. "이 생명 다 받쳐서 죽도록 사랑했고, 순정을 다 받쳐서 믿고 또 믿었건만". 얼마나 열렬히 사랑했기에 죽도록 사랑했다고 말했을까?

요즘에는 소유 & 정기고의 〈썸〉이라는 노래가 말해주듯, 열렬한 사랑보다는 '썸'만 타는 경우가 많다. "요즘 따라 내 꺼 인 듯, 내 꺼 아닌, 내 꺼 같은 너, 니 꺼인 듯, 니 꺼 아닌, 니 꺼 같은 나, 이게 무슨 사이인 건지 사실 헷갈려." 여기에 마마무의 〈Mr. 애매모호〉까지 곁들인다면, 사랑의 풍속도가 어떻게 변했는지 분명하다. "사람 간 보지 말고 빨리 와요, 내게로!"

요즘도 열렬한 사랑을 하는 사람이 있다. 요즘도 이별하고 배신당하는 사람이 있다. 그리고 첫눈에 반해 사랑하고, 사랑하기에 결혼하고, 결혼이 평생의 반려로 이어지는 '영원한 사랑'을 꿈꾸는 사람도 있다. 그러나 요즘에는 누군가에게 something을 느꼈기에 교제를 하지만, 시간이 지나도 사랑한다는 확신이 없는 경우가 많다. 그래서 사랑의 고백이 없이 '썸타기', 아니면 '간보기'만 계속한다. 그렇다면 내가 상대방을 사랑하는지 나 스스로 확인할 수 있을까? 내가 누군가를 사랑하면 마음속에서 종이라도 울릴까?

타인 속에서 나 자신의 존재함

서양철학의 역사에서 가장 난해한 철학자로 손꼽히는 헤겔은 사랑에 관해 의미심장한 말을 남겼다. 사랑은 "타인 속에서 나 자신으로 존재함"이라는 것이다. 무슨 뜻인지, 꽤 난해하게 들리지만, 드라마 〈파리의 연인〉에 나온 대사, "내 안에 너 있어"를 떠올려 보면 어려운 말도 아니다. 누군가 나를 사랑한다면, 내가 그 사람 마음속에 존재한다. 그리고 그 사람은 자신 안에 내가 있음을 의식할 뿐만 아니라, 나와 감정적으로도 하나가 된다. 내가 기쁘면, 그 사람도 기뻐하고, 내가 고통스러워하면 그 사람도 괴로워한다. 반대도 마찬가지이다. 내가 누군가를 사랑한다면, 그 사람은 내 마음속에서 나와 하나가 된다. 나는 항상 그 사람이 내 마음속에 있음을 의식하며, 그 사람의 입장에 서서 나의 행동을 조절한다. 그리고 그 사람이 하고 싶은 것이 있으면, 마치 내가 하고 싶은 것인 양 그것이 잘되도록 그 사람을 돕는다.

이렇게 사랑을 이해한다면, 사랑이란 특정한 사람과 하나 되고 싶은 욕구나 감정이라 할 수 있다. 그리고 당신이 누군가를 사랑하는지 확인하고 싶다면, 과연 당신이 누군가와 하나 되고 싶은 마음이 있는지 살펴보아야 한다. 당신은 그 사람이 괴로워할 때, 마치 당신이 괴로운 일을 당한 것인 양 가슴이 아픈가? 그리고 당신이 슬픈 일을 당했을 때, 그 누구도 아닌 바로 그 사람이 당신과 함께 슬퍼하고 당신을 위로해주길 바라나? 더구나 당신에게 기쁜 일이 있을 때 제일 먼저 그 사람에게 달려가 그 소식을 전하고, 그와 함께 기뻐하고 싶은가? 그렇다면 당신은 그 사람을 사랑한다. 반대도 마찬가지이다. 어떤 사람이 괴로울 때 다름 아닌 당신을 찾아와 위로받길 원하고, 다름 아닌 당신과 함께 기뻐하길 원한다면, 이 사람 역시 당신을 사랑한다.

물론 이것만이 아니다. 당신이 누군가를 사랑하면, 그 사람도 당신을 사랑하길 원한다. 당신이 상대방과 함께 기뻐하길 원하면, 상대방도 당신과 함께 기뻐하길 원하고, 당신이 상대방을 위로하면, 상대방도 당신을 위로하길 원한다. 그렇기에 사랑은 단지 당신이 상대방을 원하는 마음이 아니라, 상대방도 당신을 원하기를 원하는 마음이다. 이런 점에서 누군가를 사랑한다면 사랑하는 동시에 사랑받으려 하며, 그렇기에 사랑은 결코 혼자서는 할 수 없는 두 사람 간의 협력이다.

타인이 나를 원하기를 원한다

사랑이 협력이라는 것은 '성(性)'과 관련해서도 확인할 수 있다. 당신이 누군가를 사랑한다면 그 사람을 성적으로도 원한다. 그러나 당신이 그 사람을 사랑한다면, 그 사람 역시 당신을 성적으로 원하기를 원한다. 따라서 누군가를 사랑한다면 자신의 성적 욕구를 충족하는 것과 상대방이 성적 욕구를 충족하는 것이 서로 구별되지 않고 통일되며, 이런 점에서 사랑하는 사이에서는 성적 욕구마저 합일에 대한 욕구로 승화되고, 상대방은 합일을 이루기 위해 필수불가결한 상보적 존재가 된다. 그러나 인간은 누군가를 사랑하느냐와 무관하게 본능적으로 성적 욕구를 가지며, 성적 욕구는 사랑과 무관하게 충족될 수 있다. 성적 욕구는 그 충동을 억제하기 어려울 때 자위나 일회적 만남으로 이어질 수도 있고, 성매수나 성폭력을 유발하기도 한다. 그러나 이런 식의 성적 관계에서 나 자신은 성적 욕구의 주체로 등장하지만, 상대방은 단지 성적 욕구 해소를 위한 수단이나 대상으로 전락한다. 나는 성적 욕구를 충족하길 원하지만, 굳이 그 상대방도 성적으로 나를 원하기를 원하지는 않기 때문이다. 이렇게 합일과 상보성이 전제되지 않은 성적 욕구는 단지 본능적 욕구일 뿐, 사랑의 표현은 아니다.

그런데 평생 독신으로 살았던 철학자 칸트는 부부관계를 권리와 의무 관계로 규정하면서, 성적 욕구 충족 역시 권리와 의무로 본다. 부부관계에서는 상대방에게 성관계를 요구할 수 있는 권리가 있고, 상대방이 이에 응해야 하는 의무가 있다는 것이다. 그리고 이러한 권리와 의무 관계에서 남녀 배우자는 평등하다. 그러나 이렇게 성적 욕구 충족이 권리와 의무로 이해된다면 성적 욕구 충족은 사랑이 없어도 가능하다. 여기에는 합일에 대한 욕구도, 상보적 관계도 전제되지 않기 때문이다. 성적 욕구 충족이 권리이며, 이에 응하는 것이 의무라면, 남녀 배우자 중 한쪽이 상대방을 성적으로 원할 때, 다른 한쪽은 이 상대방을 성적으로 원하지 않더라도 이에 응해야 한다. 따라서 한쪽이 성적 욕구의 주체가 될 때 다른 한쪽은 의무의 주체일 뿐, 성적 욕구의 주체가 될 필요는 없으며, 상대방이 단지 성적 욕구의 수단, 혹은 대상이 된다고 해도 문제가 되지 않는다. 이런 점에서 칸트는 성적 욕구를 단지 본능적 욕구로 볼 뿐, 이것이 사랑으로 승화될 수 있음을 이해하지 못한 것 같다.

거래로 변한 사랑

사랑을 합일의 욕구와 상보적 관계로 이해한다면, 내가 누군가를 사랑하는지를 판단하는 것이 어려운 일은 아니다. 그런데 왜 사랑의 확신이 없는 '썸타기'가 확산할까? 사랑이 교환 관계처럼 변해버린 오늘의 세태를 보면 이는 불가피한 일인지도 모른다. 사랑이 행운처럼 찾아온다고 생각하는 사람에게는 대개 자신이 그리는 이상형이 있다. 이런 사람은 상대방을 만나기도 전에 미리 그 사람을 좋아할지 말지를 판단할 잣대를 가지고 있는 셈이다. 비유적으로 말한다면, 쇼 윈도우에 진열된 상품 중에서 마음에 드는 것을 고르듯, 이 사람은 자신이 좋아할 사람을 선택할 기준을 안다. 그런데 만약 이 기준이 재산, 학벌, 사회적 지위, 외모 등 사람들이 갖고자 하는 사회적 재화라면 어떻게 될까?

우리 사회에서 사람들은, 다른 사회도 마찬가지이겠지만, 돈이 많기를 원하고, 학벌이 좋기를 원하고, 사회적 지위가 높기를 원하고, 외모마저 출중하길 원한다. 그리고 더 나아가 자신의 파트너 역시 이런 사람이길 원한다. 더구나 사람들은 자신이 재산, 학벌, 사회적 지위, 외모 등 사회적 재화를 많이 갖고 있지 못할 때, 자신보다 더욱 돈 많고, 학벌 좋고, 사회적 지위가 높고, 잘 생긴 사람을 원하기도 한다. 하지만 이것은 단지 희망 사항일 뿐 실현되기 어렵다. 나만이 아니라, 상대방 역시 적은 투자로 최대 이윤을 얻듯이, 자신의 조건에 비해 최상의 대상을 선택하려고 하기 때문이다. 따라서 사람들은 자신의 감정을 살피기보다 이 사람이 과연 자신에게 최상의 대상일지를 따지는 치열한 손실계산과 이로 인한 '밀당'에 몰두한다. 이제 파트너를 선택하는 것은 각자의 사회적 재화를 교환하는 거래 행위나 마찬가지가 된다.

사람들이 절대적 가치를 부여한 사회적 재화가 연애에서든 결혼에서든 상대를 평가하는 기준이 될 때, 이를 소유한 사람은 나만이 아니라, 다른 사람도 좋아한다. 사회적 재화는 사람들이 공통적으로 원하는 보편적 재화이기 때문이다. 그리고 이렇게 사회적 재화를 통해 상대를 평가하게 되면, 이제 개개인은 비교 가능한 양적인 존재가 된다. 누가 더 많은 사회적 재화를 갖고 있느냐가 선택의 기준이 되기 때문이다. 그렇다면 현재의 파트너보다 더 많은 사회적 재화를 가진 상대가 나타나면 어떻게 될까? 사회적 재화가 파트너를 선택하는 기준이라면, 현재의 파트너보다 더 많은 사회적 재화를 가진 상대가 나타나면 마음이 흔들릴 수밖에 없다. 흔히 이런 경우를 변심이나 배신이라고 비난하는 사람도 있겠지만, 파트너 관계가 사회적 재화를 기준으로 형성되었다면 이는 교환의 원리상 불가피한 일이다. 따라서 이렇게 파트너가 비교 가능해지면, 이제 파트너는 다른 사람에 의해 얼마든지 대체될 수 있다.

사랑은 대체 불가능성

미국의 철학자 에밀리 로티가 말하는 사랑의 대체 불가능성은 이런 의미에서 시사하는 바가 크다. 그녀에 따르면, 내가 누군가를 사랑할 때 그 사람은 그 누구도 대체할 수 없는 유일무이한 존재이다. 다시 말해 내가 누군가를 사랑한다면, 나에게 이 사람은 아무도 대신할 수 없는 고유성을 가진 존재라는 것이다. 따라서 내가 사랑하는 그 사람은 단지 사회적 재화에 따라 평가된 것이 아니라, 그가 가진 모든 특성의 총체로서 나와 만난 사람이며, 그와 만남 속에서 우리만의 역사가 형성된다. 이런 점에서 그 사람은 타인과 비교 불가능하다.

아마도 사랑을 이렇게 이해한다면 호감과 사랑이라는 두 가지 감정의 구분도 가능하다. 내가 어떤 사람을 사회적 재화를 기준으로 선택한다면, 아마도 나는 상대방에 대해 좋아하는 감정, 즉 호감이 있다고 말할 수 있을 것이다. 이 사람은 다름 아닌 내가 좋아하는 사회적 재화를 가진 사람이기 때문이다. 그리고 내가 좋아하는 사회적 재화를 더 많이 가진 사람이 나타나면, 나는 이 사람에게 더 많은 호감을 느끼게 될지도 모른다. 그러나 사랑은 유일무이한, 따라서 대체 불가능한 고유한 존재에 대한 것이기 때문에 내가 누군가를 사랑한다면 나는 다름 아닌 그 사람을 원한다. 이런 점에서 사랑이 합일의 욕구이자 상보적 관계를 의미한다면, 내가 원할 뿐만 아니라, 나를 원하기를 원하는 상대는 그 누구와 비교될 수도 대체될 수도 없는 유일무이한 존재이다.

니힐리스트가 사랑을 하면

니힐리스트는 자기 자신이 이 광활한 우주에 이유도 목적도 없이 홀로 내던져져 있음을 안다. 그렇기에 니힐리스트에게는 모든 인간이 추구해야 할 절대적 가치 같은 것은 없으며, 재산, 학벌, 사회적 지위, 외모 등과 같은 사회적 재화에 절대적 가치를 부여한다면 이는 우상숭배나 다름없다. 니체가 신의 죽음을 선언한 것은 인간 위에 군림하는 모든 절대적 가치를 철폐하기 위함이었다. 사람들이 재산, 학벌, 사회적 지위, 외모 등에 더 많은 가치를 부여하면 할수록 이런 사회적 재화는 인간 위에 군림하는 절대적 가치가 된다. 그리고 사람들은 이런 재화를 얼마나 많이 갖고 있느냐에 따라 서로를 비교하고, 우월한 사람과 열등한 사람을 나누고, 어떤 사람은 권력자가 되고 어떤 사람은 차별과 무시

의 대상이 된다. 이렇게 되면, 유일무이한 개인의 고유
성은 사라지고, 모든 사람은 비교가능하고, 대체 가능
한 존재로 전락한다.

니힐리스트는 그 무엇에도 구애받지 않고 자신을 창조
하며 자율적으로 살기를 원한다. 이런 니힐리스트에게
도 사랑은 중요하다. 니힐리스트가 사랑하면, 불안과
고독이 아니라, 타인과 하나 되는 존재의 충만감 속에
서 유일무이하고, 그 누구에 의해 대체될 수 없는 자신
만의 삶을 살 수 있기 때문이다.

내가 누군가를 사랑할 때
그 사람은 그 누구도 대체할 수 없는 유일무이한 존재이다.

제4장

니힐리스트 사회

니힐리스트는 인간이 따라야 할 필연적인 삶의 목적이나 이유 같은 것은 없다고 생각한다. 하지만 니힐리스트가 삶을 부정하거나 포기하는 것은 아니다. 살아야 할 필연적인 목적이나 이유가 없다는 것은 오히려 나스스로 삶의 목적이나 이유를 만드는 자기 창조적 삶을 가능하게 한다. 그리고 내가 나의 삶을 창조한다면, 마치 절대적 가치라도 지닌 양 사람들이 추앙하고 복종하는 그 모든 것으로부터 해방된 삶 역시 가능하다. 내가 나의 삶을 창조한다는 것은 내가 나의 삶의 주권자일 때 가능하며, 니힐리스트에게는 자신 위에 군림하는 그 어떤 절대적 존재도 없다.

그렇다면 니힐리스트는 어떤 사회를 원할까? 니힐리스트의 삶은 사회가 어떻든 상관이 없을까? 니힐리스트가 원하는 것은 자기 창조적 삶, 해방된 삶이지 사회를 떠나 문명을 거부하고 깊은 산속에서 홀로 사는 것이 아니다. 니힐리스트는 니힐리스트로 살기 좋은 사회를 원한다. 그렇다면 어떤 사회가 니힐리스트로 살기 좋은 '니힐리스트 사회'일까?

존 롤즈의 사회 정의론

오늘날 사회 정의론에 관한 가장 영향력 있는 철학자로 손꼽히는 존 롤즈는 두 가지 정의의 원칙을 제시했다. 첫째, 모든 사회구성원에게 자유롭게 살 수 있는 권리를 평등하게 보장한다. 둘째, 자유로운 삶이 초래할 수 있는 사회구성원 간의 경쟁으로 인해 사회 경제적 불평등이 발생할 때, 이것이 정당화되기 위해서는 기회의 균등이 보장되어야 하고, 경쟁에 취약해 혜택이 가장 적은 '최소 수혜자'에게도 이익이 될 수 있어야 한다. 롤즈가 이런 두 가지 정의의 원칙을 제시한 이유는 사회가 정의로울 때 비로소 사회구성원 간의 협력이 가능하다고 보았기 때문이다.

롤즈에 따르면 인간은 생존에 필요한 모든 일을 혼자 다 해낼 수 없기에 불완전한 존재이다. 그러나 인간은 자신의 능력과 개성에 맞는 일을 수행하면서도 자신이 할 수 없는 일을 타인이 대신 수행할 때 자신의 불완전함을 극복할 수 있다. 이런 점에서 인간은 일종의 역할 분담을 통해 상호 보완적 협력, 다시 말해 상보적 협력을 수행한다. 사회란 이런 상보적 협력 관계 전체를 말하며, 이러한 상보적 협력이 인간이 타인과 함께 사는 이유이다. 그러나 이렇게 인간이 생존하기 위해서는 상보적 협력이 필요하고, 그 결과 사회가 형성되지만, 사회구성원들이 자기가 속한 사회가 정의롭다고 생각하지 않는 한 상보적 협력은 유지될 수 없다. 그렇기에 롤즈는 사회구성원들이 기꺼이 상보적 협력에 참여하는 조건으로 정의의 원칙을 제시한 것이다.

사회정의에 관한 롤즈의 주장에서 가장 흥미로운 점은 그가 정의의 원칙을 도출하는 방법이다. 롤즈는 사회구성원들이 어떤 사회가 정의로운 사회인지 서로 논의하면서 합의를 형성하는 가상적 상황을 그려본다. 그런데 이런 가상적 상황에 참여한 사람들은 자신의 소질, 능력, 지능, 체력, 가치관 등 개인적 특성뿐만 아니라, 자신의 사회적 지위가 어떤지도 전혀 모르는 것으로 가정된다. 만약 그렇지 않다면 사람들은 자신에게 유리한 원칙을 정의의 원칙으로 제시할 것이기 때문이다. 이런 점에서 롤즈는 사회구성원들이 자신에 대해 전혀 모르는 무지의 상황이라면 누구에게도 편파적이지 않은 공정한 판단을 할 수 있다고 생각했다. 그렇다면 사람들은 이러한 무지의 상황에서 어떤 정의의 원칙에 합의할까?

첫째, 자신에 대해 무지한 사람들은 자신이 실제 상황에서 어떤 삶을 살고자 하는지, 자기 삶의 목표나 가치에 대해서도 전혀 모른다. 만약 이런 상태라면 사람들은 어떤 특정한 삶의 목표나 가치를 특권화하는 것이 아니라, 그 어떤 삶의 목표나 가치도 동등하게 평가되기를 원할 것이다. 그렇지 않다면 실제 상황에서 자신이 추구하는 삶의 목표나 가치가 폄훼될 수도 있기 때문이다. 그리고 사람들은 자기 삶의 목표나 가치를 스스로 정하기를 원할 것이다. 그렇지 않다면 자신이 원하지도 않는 삶의 목표나 가치가 자신에게 강제될 수도 있기 때문이다. 롤즈가 말하는 정의의 제1원칙, 즉 모든 사람에게 자유롭게 살 수 있는 권리를 평등하게 보장한다는 원칙은 모든 사회구성원이 자기 삶의 목표나 가치를 스스로 정할 뿐만 아니라, 이런 삶의 목표나 가치가 차별 없이 존중된다는 것을 의미한다.

둘째, 사람들은 자기 삶의 목표나 가치를 실현하기 위해 자신의 능력이나 개성을 발휘할 사회적 자리가 필요할 때가 있다. 그리고 이럴 때 사람들은 자신이 원하는 직장, 직책, 직위 등을 얻을 기회를 균등하게 부여하는 사회를 원할 것이다. 만약 이런 기회가 차별적으로 부여되는 사회라면, 다름 아닌 내가 이런 차별의 대상이 될 수도 있기 때문이다. 물론 내가 원하는 직장, 직책, 직위 등을 얻을 기회가 부여된다 해서 내가 실제로 이런 자리를 얻는 것은 아니다. 타인과 같은 자리를 놓고 경쟁한다면, 누구는 얻고, 누구는 잃게 된다. 그리고 그 결과 소득이나 권력, 명예 등에서도 불평등이 발생할 수 있다. 그러나 이렇게 불평등 상황이 발생하더라도 경쟁에 취약한 사람, 경쟁에서 진 사람에게도 어느 정도 자기 삶의 목표나 가치를 실현하며 사는 데 도움을 주는 사회라면, 아마도 사람들은 그렇지 못한 사회보다 이런 사회를 원할 것이다. 사람들은 경쟁에서 이길 경우가 아니라, 오히려 경쟁에서 질 경우를 대비해야 하기 때문이다. 롤즈가 말하는 두 번째 정의의 원칙은 이런 맥락에서 도출된 것이다.

니힐리스트를 위한 사회 정의

과연 여러분도 롤즈가 제시한 정의의 원칙에 합의할까? 만약 여러분도 자기가 처할지도 모를 최악의 상황을 염두에 둔다면, 아마 여러분도 이런 최악의 상황에서도 자기 삶을 보호해 줄 정의의 원칙을 원할 것이다. 여러분 각자가 합리적으로 사고할 뿐만 아니라, 자신의 이익을 우선시한다면 말이다. 그렇다면 니힐리스트는 어떤 사회를 원할까? 니힐리스트도 니힐리스트로서의 삶을 보호받기 원한다면 어떤 정의의 원칙에 합의할까?

롤즈가 정의의 원칙을 도출한 방법을 적용하면, 니힐리스트에게 적합한 정의의 원칙 역시 롤즈가 말하는 가상적 상황에서 도출할 수 있을 것이다. 물론 가상적 상황에 참여한 사람들은 자신에 대해 아무것도 몰라야 하지만, 자신이 니힐리스트라는 사실 하나만은 예외로 해야 할지도 모른다. 그래야만 일반 사람이 아니라 바로 니힐리스트에게 적합한 정의의 원칙을 도출할 수 있을 테니까 말이다. 하지만 굳이 이런 추가적인 가정이 필요한 것은 아니다. 롤즈가 제시한 정의의 원칙은 니힐리스트에게도 적합한 정의의 원칙으로 볼 수 있기 때문이다. 왜 그럴까?

니힐리스트가 원하는 삶은 자기 창조적 삶이고, 자기 창조적 삶이 가능하기 위해서는 자유롭게 살 수 있는 권리가 보장되어야 하고, 그 어떤 삶의 목표나 가치도 특권화되어서는 안 된다. 만약 그렇다면 사람들은 자유를 포기하고, 이를 따를 수밖에 없기 때문이다. 롤즈가 제시한 첫 번째 정의의 원칙, 즉 모든 사람에게 자유롭게 살 수 있는 권리를 평등하게 보장한다는 원칙은 모든 사회구성원이 자기 삶의 목표나 가치를 스스로 정할 뿐만 아니라, 이런 삶의 목표나 가치가 차별 없이 존중된다는 것을 의미한다. 더구나 기회를 균등하게 보장하고, 최소 수혜자도 보호하는 두 번째 정의의 원칙 역시 사회구성원 각자의 자유로운 삶을 실질적으로 보호하는 장치라는 점에서 니힐리스트의 자기 창조적 삶 역시 보호한다.

올 인(all in) 사회

이렇게 볼 때 롤즈가 말하는 정의의 원칙이 실현된 사회는 니힐리스트가 니힐니스트로 살기에도 좋은 사회이다. 그렇다면 우리 사회는 롤즈가 말하는 정의로운 사회일까? 오늘날 우리 사회를 보면 누구나 자유롭게 살 수 있는 권리가 보장되어 있다고 말하지만, 현실에서는 그렇지 못하다. 우리 사회에서는 삶의 다양성이 보장되어 있지 않기 때문이다.

삶의 다양성은 자기 창조적 삶과 불가분의 관계를 갖는다. 사회구성원들이 자기 삶의 목표나 가치를 스스로 창조한다면, 삶의 목표나 가치가 다양해질 수밖에 없기 때문이다. 돈을 많이 벌기 원하는 사람도 있고, 권력이나 명예를 중시하는 사람도 있고, 건강이나 화목한 가정을 우선시하는 사람도 있고, 종교적 구원을 추구하는 사람도 있다. 직업을 본다면 근로자, 자영업, 기업가, 전문직 종사자도 있고, 배우, 가수, 예술가, 시인을 꿈꾸는 사람도 있다. 그리고 같은 근로자라 하더라도 사무직, 판매직, 생산직 등 다양한 역할이 있다. 이 모든 것이 합하여 사회를 이루는 것이고, 이 모든 것이 합하여 내가 하지 못하는 것을 타인이 대신하는 상보적 협력 체계가 형성된다. 삶의 다양성이란 사람마다 삶의 목표가 다를 수 있고, 사람마다 가치를 부여하는 것이 다를 수 있고, 따라서 사람마다 하는 일도 다를 수 있다는 것이며, 이런 개인적 삶의 목표나 가치가 그 차이와 상관없이 동등하게 평가될 수 있을 때 삶의 다양성은 확대된다.

그러나 사람들이 각기 원하는 삶의 목표나 가치가 서로 비교되고, 우열 관계가 형성되고, 더 나아가 가장 좋은 것에서부터 가장 나쁜 것에 이르기까지 서열화가 이루어진다면 삶의 다양성은 축소된다. 사람들은 자신이 원하지 않더라도 사회적으로 높게 평가되는 것을 자기 삶의 목표나 가치로 삼을 수밖에 없기 때문이다. 그렇지 않을 때 자칫 나의 삶은 사회적으로 비천한 삶으로 평가되고 무시와 냉대의 대상이 될 수 있다. 더구나 가장 높게 평가되는 것이 있다면, 사람들은 이를 얻기 위해 자신의 모든 것을 바쳐야 할지도 모른다. 그리고 이 때문에 사회구성원들은 상보적 협력을 수행하는 것이 아니라, 가장 높게 평가되는 것을 얻기 위한 무한 경쟁에 올인(all in)한다.

오늘날 사람들이 가장 원하는 것이 있다. 돈이다. 돈만 있으면 학벌은 물론 권력도 명예도 얻을 수 있고, 돈만 있으면 건강하고 아름다울 수 있다. 그렇기에 사람들은 돈을 최고의 가치로 여기고 누구나 돈을 많이 벌기를 원한다. 그리고 돈을 기준으로 직업의 우열을 평가하고, 돈을 기준으로 사람들을 서열화한다. 물론 누구에게나 사는 데 돈은 필요하지만 자기 창조적 삶을 사는 사람에게 돈이 절대적 가치를 가질 수는 없다. 그렇게 되면 내가 나의 삶의 주인이 되는 것이 아니라, 돈이 나의 삶의 주인이고 나는 돈의 노예가 되는 것이나 마찬가지이기 때문이다.

삶의 다양성

우리 사회가 니힐리스트에게도 좋은 사회가 되기 위해서는 삶의 다양성이 확대되어야 한다. 그리고 이를 위해서는 사회구성원들이 삶의 다양성에 적합한 윤리적 태도를 갖추어야 하고, 삶의 다양성을 확대하는 정치를 지지해야 한다. 니힐리스트 사회에는 니힐리스트 윤리도 필요하고, 니힐리스트 정치도 필요하다는 것이다. 이런 윤리나 정치가 별다른 것은 아니다. 니힐리스트의 자기 창조적 삶 자체가 기이한 사람들이 추구하는 특이한 삶의 방식이 아니라, 롤즈가 정의의 원칙에서 주장하는 자유로운 삶과 다를 것이 없기 때문이다. 그렇기에 니힐리스트 윤리나 정치도 자유로운 삶을 보장하는 윤리나 정치와 다를 것이 없다.

사회구성원 각자의 자유로운 삶을 보장하는 윤리는 무엇보다도 나와 다른 삶이라 하더라도 나의 삶과 동등한 가치를 인정하는 데 있다. 그래야 사람들은 자유롭게 자기 삶의 목표와 가치를 만들어갈 수 있다. 그리고 이를 위해서는 정치 역시 특정한 삶의 목표나 가치를 특권화하는 것이 아니라, 서로 다른 삶에 대한 동등한 가치 인정에 기초하여 삶의 다양성 확대 정책을 추진해야 한다. 물론 이러한 정책과 함께 삶의 다양성을 축소하는 사회적 요인이 있다면 이를 억제하는 정책도 추진해야 할 것이다.

나는 대학에서 철학을 전공했고, 철학자의 삶을 살았다. 우리 사회의 구성원들이 철학자의 삶도 다른 식의 삶과 마찬가지로 동등한 가치가 있음을 인정한다면, 어떤 학생이 높은 점수를 얻고도 의대가 아니라 철학과를 선택한다고 해서 하나 이상 것이 없다면, 우리 사회는 이미 자유로운 삶이 보장된 사회일 뿐만 아니라, 니힐리스트 사회이다.

에필로그

Gatelss gate
문 없는 문!

니체는 신의 죽음을 선언했다.

그 이유는 '성스러운 거짓말' 때문이다.

사랑을 말하는 예수의 가르침이 아니라, 모든 인간은 죄인이고, 현세를 떠난 내세에서의 구원을 위해 현세의 고통을 참으라는 말이 다 거짓말이라는 것이다.

이런 말을 들으면, 인간의 삶이란 현재의 자신을 부정하고, 최후의 심판만을 기다리는 삶에 불과하다. 우리 주변을 보면 성스러운 거짓말 때문이 아니더라도 자신을 부정하며 사는 사람이 많다. 어쩌면 우리 자신도 그런지 모른다. 몸은 살아있지만, 마음이 죽은 경우이다.

어떤 사람은 열등감에 사로잡혀 자신을 비하하고, 수치심과 자학에 빠지기도 한다. 어떤 사람은 타인을 부러워하고, 타인에 복종하고, 타인을 숭배하기까지 한다. 돈, 학벌, 지위, 외모. 이런 것들이 이들에게는 신이요 구원의 길이다. 그렇기에 이들은 이에 복종할 뿐만 아니라, 이를 얻지 못한 자기 자신을 채찍질한다. 이들은 자신이 자기 삶의 주인임을 부정한 것이다. 신의 죽음을 선포한 니체는 이제 인간이 자기 삶의 주인이 되라고 말한다. 신의 죽음과 함께 이제 인간은 신의 종도 아니고, 돈, 학벌, 지위, 외모 같은 가짜 신의 노예도 아니기 때문이다. 니체는 현세의 삶을 긍정하고, 자기 자신을 긍정하고, 자기 창조적 삶을 살라고 말한다. 이것이 니체가 말하는 니힐리스트의 삶이요, 초인의 삶이다.

자기 창조적 삶? 내가 나의 삶의 주인이 되는 데는 특별한 방법이 따로 있는 것이 아니다. 만약 그런 것이 있다면 나는 여기에 복종해야 한다. 그런데 자기 창조적 삶이 복종을 통해 이루어진다는 것은 자기모순이다. 그렇기에 자기 창조적 삶에는 정해진 방법이 따로 있는 것이 아니다. 자기 창조적 삶의 방법은 각자 스스로 찾아야 한다. 그리고 이런 점에서 자기 창조적 삶은 인간에게 무한한 가능성을 열어놓는다.

Gateless gate! '문 없는 문'이란 뜻이다. 이 영어식 표현은 선불교에서 교과서처럼 사용되는「무문관(無門關)」이라는 책 제목을 번역한 것이다. 무문관이라는 표현은 문이 없는 관문이란 뜻이지만, 간단히 '문 없는 문'으로 번역한 것이다. 무슨 뜻일까? 선불교의 이상은 완전한 자유, '대(大)자유의 세계'에 들어가는 것이다. 그러기 위해 선불교는 자신을 얽어매고 구속하는 모든 것에서 벗어나길 원한다. 니힐리즘으로 말한다면, 인간 위에 군림하며 절대적 가치를 행사하는 모든 것을 부정한다는 것이다. 무문관이란 대자유의 세계로 들어가는 관문이란 뜻이지만, 이 관문에는 누구나 통과해야 할 정해진 문이 없다!

사람들이 길을 가려면 문을 통과해야 한다. 그러나 문이 없다면, 가야 할 길이 따로 있는 것이 아니다. 어디든 가면 그것이 길이다. 무문관이란 바로 이런 뜻이다. 대 자유의 세계로 들어갈 수 있는 문이 따로 정해져 있다면, 이것 역시 구속이다. 구속을 통해 대 자유에 이른다는 것은 자기 모순적인 말이다. 따라서 대자유에 이르는 길에는 문이 없고, 무한히 다양한 길이 열려있다. 대자유의 세계에 들어가고 싶다면, 그 길은 각자의 스스로 찾아야 한다. 자기 창조적 삶도 마찬가지이다. 자기 창조적 삶을 위한 인생의 길이 따로 있는 것은 아니다. 인간의 삶에 군림하는 그 어떤 절대적 가치도 존재하지 않다는 생각, 그리고 나의 삶의 목적과 가치는 내가 창조한다는 생각. 이것이면 족하다. 니힐리스트의 길도 '문 없는 문'으로 향해있다. (문성훈, 2024)

편집후기

이 책을 읽고 편집하면서 환상 특급을 타고 깊은 여행을 다녀온 기분이 들었습니다. 대체로 철학책을 티켓 삼아 떠나는 여행은 역사를 빛낸 인류의 스승을 찾아 그들의 발자취와 사상을 체험해 보는 여행이며, 말하자면 과거를 공부하는 시간 여행입니다. 그런데 저한테 이 책은 달랐습니다. 마치 우리는 그저 현재에 머물러 있으면 되고, 과거에 살던 인류 스승들이 찾아와서는 우리를 위로해 주는 시간 여행이었습니다.

우리는 존재 이유와 삶의 목적에 대해 심한 갈증을 느낍니다. 저자는 그런 현대인의 목마름을 적셔 주기 위해 상당한 인내심을 발휘합니다. 독자를 배려하기 위해 너무 깊게 들어가지는 않습니다. 그러나 꼭 필요한 애기는 구슬 꿰듯 꿰어놓습니다. 어려운 말을 피하면서도 제대로 지식을 전합니다. 그 지식이 우리를 위로합니다. 덕분에 동서양의 지혜가 우리 삶과 긴밀해졌습니다. 니체의 니힐리즘 관점으로 수천 년의 인류의 사상을 정리하면서도, 저자는 독자들이 니체의 표현에 묶이지 않고 니체를 넘어서는 니힐리스트로 살아가는 법을 제안했습니다. 이 책에 새겨진 저자의 인상적인 제안에서 더 많은 사람이 독서의 즐거움과 인생의 위로를 얻기를 희망합니다. 이 책을 편집하면서 철학책으로 노벨문학상을 받은 버트런드 러셀의 문장력이 떠오르기도 했습니다. 그러므로 러셀이 〈서양철학사〉 서론에 쓴 문장을 인용하면서 이 책의 편집을 마칩니다. "무기력한 상태에 빠지지 않고 의연히 살아가는 법을 가르치는 일이야말로 우리 시대에 철학을 공부하는 사람들을 위해 철학이 지금도 해야 할 중요한 일이다."

편집자 코디정